요한계시록 20:1-15

창세 전 언약으로 본

천년 왕국

| **정낙원** 지음 |

쿰란출판사

머리말

성경의 시작은 "태초에 하나님이 천지를 창조하시니라"라고 하면서 문을 엽니다. 그리고 "아멘 주 예수여 오시옵소서!"라고 문을 닫아버립니다. 창세기는 역사의 시작을 알리고, 요한계시록은 역사의 끝을 알립니다.

요한계시록은 역사 끝의 이야기를 예수님이 오시면 새 하늘과 새 땅에서 천년 왕국이 이루어진다고 합니다. 그래서 요한계시록에서는 주님이 다시 오신다는 소식을 영원한 복음이라고 합니다. 지금은 천년 왕국의 영원한 복음이 울려 퍼지고 있습니다. 이는 예수님의 재림이 가까운 때라는 뜻입니다.

성경에는 역사의 종말을 예표하는 사건들이 많이 있습니다.

노아 시대도 그러하였고, 소돔과 고모라의 멸망도 그러하였고, 이스라엘의 출애굽 시 애굽의 멸망도 그러했습니다. 예수님의 초림 시 구약 교회의 타락상은 예수님 재림 시 종말 교회의 타락상을 보여주고 있습니다. 어느 시대이고 종말은 항상 극심한 타락상을 보여주었습니다.

이 시대는 모든 것에서 종말의 징후들을 쏟아내고 있는 때입니다. 만물은 천재지변으로 종말의 징후들을 드러내고 있고, 인간들이 생명을 경시하는 풍조 속에서도 종말의 현상들이 나타나고 있습니다. 이는 인간 스스로가 금수만도 못하다는 것을 드러내주고 있는 것입니다. 이 모두가 하나님의 창세 전 언약이 완성되어 가고 있음을 드러내 주는 징조들입니다.

만물의 창조 목적은 예수 그리스도를 위해서입니다. 만물이 종말의 징후를 드러낸다는 것은 그만큼 예수님의 재림이 가까웠다는 사인(sign)입니다. 성도들에게는 기쁜 소식입니다.

모든 성경은 예수 그리스도에 관한 이야기입니다. 예수님이 역사 속에서 창세 전에 하신 언약을 이루어가는 것을 증거해 주고 있습니다. 언약은 하나님이 하셨으므로 언약을 이루어가는 주체 또한 하나님이십니다. 그래서 하나님이신 예수님이 육신을 입고 이 세상에 오신 것입니다. 창세 전 언약을 이루시기 위함입니다.

언약의 내용은 후손과 나라인데, 이를 예수님이 이 세상에서 이루어내십니다. 그래서 성도의 구원을 예수님이 친히 목자가 되어서 잃어버린 자기 양들을 찾아서 그의 나라로 데려가는 것으로 말해 주고 있는 것입니다. 우리는 창세 전 언약의 혜택을 입는 자들입니다.

창세 전 언약은 역사 속에서 이루어지기 때문에 시작과 끝이 있습니다. 예수님이 때를 따라서 이루어가십니다. 그래서 예수님을 일컬어 알파와 오메가요, 시작과 끝이요, 처음과 나중이라고 하십니다. 이는 예수님이 시작을 하시고 다 이루신다는 뜻입니다.

그래서 예수님을 이제도 계시고, 전에도 계시고, 장차 오실 자라고 하십니다. 왜 태초부터 계시던 하나님이신 예수님을 "이제도"라는 현재 시제를 주어(主語)로 말할까요? 이는 전(前)에 계시던 분이 장차 오시는데, 그분이 지금 역사 속에서 일을 하고 계시다는 뜻입니다.

무슨 일을 하나요?
자기 백성 구원하는 일을 하십니다.

과거에 시작하셨고,
현재 이루어가고 계시며,
장차 이루어 주실 것입니다.

이 세상 역사는 그 언약의 완성된 지점으로 향하고 있습니다. 잠시 잠깐 후면 예수님이 그 나라를 몰고 오십니다. 예수님이 재림하시면 창세 전에 하신 그 언약이 역사 속에서 완성이 됩니다. 그의 백성들이 그의 나라에서 "아멘! 찬송, 영광, 지혜, 감사, 존귀, 능력, 힘이 우리 하나님께 세세토록 있다"라고 그의 은혜의 영광을 찬미하게 됩니다.

그래서 성도를 일컬어 거룩한 백성이요, 그의 나라요, 왕 같은 제사장이라고 합니다. 예수님이 재림하시면 성도들은 그의 나라에서 거룩한 백성으로서 왕 같은 제사장으로 그의 은혜의 영광을 찬미하며 살아가게 됩니다. 이를 천 년 동안 왕 노릇 한다고 합니다. 우리는 이것을 천년 왕국이라고 부릅니다.

역사의 마지막 때를 살아가고 있는 이때에 성도에게 있어 참 소망은 오직 하나뿐입니다. 예수 그리스도의 다시 오심입니다. 예수 그리스도의 나라가 임하는 것입니다.

하나님은 예수 그리스도의 나라가 임하면 우리 눈에서 눈물을 닦아주신다고 약속하셨습니다. 그 나라는 눈물도 없고, 고통도 없고, 사망도 없고, 곡하는 것이나 애통하는 것이나 아픈 것이 없는 곳입니다. 이러한 나라를 천국이라고 합니다.

천년 왕국 복음은 창세 전 언약의 최종 결론이기 때문에 영원한 복음인 것입니다. 이러한 때에 그동안 감추어졌던 창세 전 언약의 완성을 보여주는 천년 왕국의 비밀이 깨달아진다는 것은 한없는 은혜이고 감사이며 축복인 것입니다.

모쪼록 이 글이 이 땅에 나그네와 행인으로 살아가는 주의 백성들에게 복된 소식으로 들려져서 하늘의 평강을 맛보았으면 합니다. 또한 다시 오실 주님을 소망 삼고 천년 왕국에서 이루어지는 어린 양의 혼인 잔치를 기대하면서 사랑하는 이를 만난다는 그 설렘과 기쁨으로 이 세상에서의 아픔들을 조금이라도 이겨나가는 데 힘이 되었으면 합니다.

2017년 6월

광야에서 정낙원 목사

차 례

성경 본문

계 20:1-15

"❶또 내가 보매 천사가 무저갱 열쇠와 큰 쇠사슬을 그 손에 가지
고 하늘로서 내려와서 ❷용을 잡으니 곧 옛 뱀이요 마귀요 사단이
라 잡아 일천 년 동안 결박하여 ❸무저갱에 던져 잠그고 그 위에
인봉하여 천 년이 차도록 다시는 만국을 미혹하지 못하게 하였다
가 그 후에는 반드시 잠깐 놓이리라 ❹또 내가 보좌들을 보니 거기
앉은 자들이 있어 심판하는 권세를 받았더라 또 내가 보니 예수
의 증거와 하나님의 말씀을 인하여 목 베임을 받은 자의 영혼들과
또 짐승과 그의 우상에게 경배하지도 아니하고 이마와 손에 그의
표를 받지도 아니한 자들이 살아서 그리스도로 더불어 천 년 동
안 왕 노릇 하니 ❺(그 나머지 죽은 자들은 그 천 년이 차기까지 살지 못하
더라) 이는 첫째 부활이라 ❻이 첫째 부활에 참여하는 자들은 복이
있고 거룩하도다 둘째 사망이 그들을 다스리는 권세가 없고 도리
어 그들이 하나님과 그리스도의 제사장이 되어 천 년 동안 그리스
도로 더불어 왕 노릇 하리라 ❼천 년이 차매 사단이 그 옥에서 놓
여 ❽나와서 땅의 사방 백성 곧 곡과 마곡을 미혹하고 모아 싸움
을 붙이리니 그 수가 바다 모래 같으리라 ❾저희가 지면에 널리 퍼

져 성도들의 진과 사랑하시는 성을 두르매 하늘에서 불이 내려와
저희를 소멸하고 10또 저희를 미혹하는 마귀가 불과 유황 못에 던
지우니 거기는 그 짐승과 거짓 선지자들도 있어 세세토록 밤낮 괴
로움을 받으리라 11또 내가 크고 흰 보좌와 그 위에 앉으신 자를
보니 땅과 하늘이 그 앞에서 피하여 간 데 없더라 12또 내가 보니
죽은 자들이 무론대소하고 그 보좌 앞에 섰는데 책들이 펴 있고
또 다른 책이 펴졌으니 곧 생명책이라 죽은 자들이 자기 행위를 따
라 책들에 기록된 대로 심판을 받으니 13바다가 그 가운데서 죽은
자들을 내어주고 또 사망과 음부도 그 가운데서 죽은 자들을 내
어주매 각 사람이 자기의 행위대로 심판을 받고 14사망과 음부도
불 못에 던지우니 이것은 둘째 사망 곧 불 못이라 15누구든지 생명
책에 기록되지 못한 자는 불 못에 던지우더라"

들어가는 말

천년 왕국은 성경 중에서 가장 난해한 부분입니다.

난해하다 보니 다양한 학설들이 있습니다.

학설이 다양하다는 것은 그만큼 어렵다는 뜻입니다.

첫째로, 천년 왕국의 존재 여부입니다.

천년 왕국이 실제로 존재하는가?

아니면 영적으로 이해하여야 하는가?

둘째로, 천년 왕국의 장소입니다.

천년 왕국이 존재한다면 어디인가?

이 세상인가?

아니면 이 세상 말고 또 다른 세상이 있는가?

또 다른 세상이 있다고 한다면 거기는 어디인가?

이 땅에 있는 다른 세상인가?

아니면 하늘에 있는 다른 세상인가?

셋째로, 천 년이라는 기간입니다.

천 년이라는 기간은 실제의 천 년을 말하는 것인가?

아니면 상징적인 어느 기간을 말하고 있는 것인가?

넷째로, 천 년이 차면 나타나는 사단의 미혹입니다.

사단을 무저갱에 가두었다는 뜻은 무엇이고,

또 천 년 후에 사단이 무저갱에서 풀려나서 백성들을 미혹한다는 것은 무슨 말인가?

다섯째로, 천년 왕국 백성입니다.

천년 왕국에서 태어나는 아이들입니다.

천국에도 시집가고 장가가는 일이 있는가?

예수님은 없다고 하셨는데 그러면 그 아이들은 누구인가?

온통 궁금한 것들입니다.

그러다 보니 실제다.

아니다.

혹은 영적이다.

또는 묵시 문학적 표현이다 등등 여러 가지 말들이 있습니다.

성경 속에는 우리가 이해하지 못하는 수많은 난제(難題)들이 있습니다. 난제라고 해서 그냥 넘길 수는 없습니다. 우리가 이해하지 못한다고 해서 그냥 덮어둘 문제는 아닙니다. 성경은 하나님께서 자기 백성들에게 주신 말씀이므로 자기 백성들에게는 비밀일 수가 없습니다.

예수님은 천국의 비밀이 제자들에게는 허락이 되었다고 하셨습니다. 그러면 천년 왕국의 비밀도 더 허락해 주어야지만 합니다. 그런데도 우리는 천년 왕국의 문제는 풀리지 않은 숙제로 남겨두고 있습니다. 하지만 언젠가는 풀리게 될 것입니다. 왜냐하면 성도들의 구원의 마지막 부분은 어린양의 혼인 잔치에 참예하는 일이기 때문입니다.

언약은 시작과 끝이 있습니다.

역사도 시작과 끝이 있습니다. 시작과 끝이 있는 언약이 시작과 끝이 있는 역사 속에서 이루어져 가는 것이기 때문에 언약이 끝나는 때에는 천년 왕국의 비밀도 다 드러나게 될 것입니다. 때를 따라서 성경을 계시하시는 하나님의 일하심으로 본다고 하면, 언젠가는 그 뜻을 알게 해 주실 것이기 때문입니다. 이러한 때에 천년 왕국에

대하여 설교할 수 있다는 것은 최고의 축복이라 할 수 있습니다.

미리 말씀을 드립니다. 오늘 말씀은 엄청난 혼란을 일으킬 수가 있습니다. 왜냐하면 지금까지의 천년 왕국에 대한 여러 가지 학설들을 뛰어넘어서는 것이기 때문입니다. 우리가 알던 것과 다르고 또한 생소한 이야기가 많기 때문에 충돌이 일어날 수 있을 것입니다. 하지만 곧 그 의문이 풀리게 될 것입니다.

생소하기 때문에 다름으로 들리게 될 것입니다. 그동안 영적으로만 해석해 오던 것을 실제적 사건으로 해석하는 것이라 생소해서 선뜻 받아들이기가 쉽지 않을 것입니다.

'이건 뭐냐?'라고 고개를 갸우뚱할 수 있을 것입니다. 하지만 그 갸우뚱이 아멘으로 화답이 될 것이라 믿습니다. 분명히 그렇게 될 것이라 믿습니다. 왜냐하면 너무나도 확실하기 때문입니다. 과연 이 글을 써야 하나 말아야 하나 수없이 망설이고 또 망설이다가 내어놓습니다. 그만큼 기존에 우리가 알고 있던 것과는 다른 이야기를 해야 하기 때문입니다.

그렇다고 제가 특별한 계시를 받은 것도 아닙니다. 그동안 난해하여서 이해하지 못하고 궁금해 오던 것들을, 모든 성경을 창세 전 언약의 관점에서 해석을 하다 보니 깨달아지는 것들이 있어서 이야기하고자 하는 것입니다.

이 글에서 주장하는 것은 어디까지나 제 견해이므로 동의가 되면 받아들이시고, 동의가 되지 않으면 '성경을 이렇게 보는 사람도 있구나?'라고 가볍게 흘려보내시기 바랍니다.

노파심에서 말씀드리지만, 우리는 누가 나와 다른 주장을 한다고 해서 그 사람의 신앙 자체를 의심하여서는 안 됩니다. 서로 받은 은혜가 다를 수 있으므로 견해가 나와 다르다고 해서 그의 신앙을 비판하거나 판단하고 정죄해서는 안 됩니다. 그건 우리가 할 몫이 아닙니다.

우리도 판단을 받아야 하는 자들입니다. 우리는 누구를 정죄하고 심판할 자격이 없습니다. 내 생각과 다르다고 해서 칼을 휘두르진 마시고, 칼은 칼집에 잠시 넣어두시고 '이것까지 참으라'는 예수님의 마음으로 이해해 주시기를 바랍니다. 심판은 주께 맡기시고 내가 남을 판단하는 그것이 과연 성경적인가 스스로의 주장이 맞는지 돌아보아야 합니다.

지금은 다양한 학설들이 있지만, 예수님이 재림하시기 전에는 통일된 것을 주시리라 믿습니다. 왜냐하면 예수님이 재림을 하시면 모든 성경이 다 실제적 사건으로 응하기 때문입니다. 그러면 주의 백성들은 성령이 교회들에게 하시는 말씀을 하나의 소리로 듣게 될 것입니다. 저는 그렇게 되리라고 믿습니다.

먼저 제 견해를 말씀드리면, 저는 천년 왕국이 실제 역사 속에서 이루어진다고 봅니다. 그래야 창세 전 언약이 역사 속에서 완성이 되기 때문입니다. 창세 전 언약의 관점으로 보았을 때 천년 왕국이 왜 역사 속에서 반드시 실제하여야 하는지를 살펴보고자 합니다.

1
천년 왕국에 대한 다양한 학설들

천년 왕국에는 여러 가지 학설이 있습니다. 크게 네 가지 학설이 있습니다. 서로 이해하는 폭이 다르므로 각자 다르게 해석을 하게 되는 것입니다. 네 가지 학설 모두가 자기 나름의 성경적 근거를 들고 있지만 모두가 부분적인 것으로서 명쾌하게 설명이 되지 않습니다.

그럼 천년 왕국에 대한 대표적인 학설들이 어떤 것들이 있는지를 살펴보십시다.

1) 무(無)천년주의

무(無)란 없다는 뜻입니다. 무천년주의라는 말은 천년 왕국이 없다고 주장하는 것입니다. 이들은 천년 왕국을 영적인 것으로 이해합니다. 한국 교회 안에서 가장 많은 지지를 받는 학설입니다.

무천년주의 학설은, 예수님이 십자가에 죽으시고 부활하신 후 성령으로 우리 가운데 오심으로써 천년 왕국이 이미 이루어졌다는 것입니다. 구원을 받은 성도는 현재 천년 왕국에서 왕 노릇 하면서 살고 있기 때문에 실제의 천년 왕국은 없다고 합니다.

무천년주의는 영적 천년 왕국을 말하고 있습니다. 예수님의 통치 아래 있는 것이 하나님 나라의 삶이므로, 성령이 오심으로써 실제적인 예수님의 통치 아래 들어갔기 때문에 신약 시대 전체가 천년 왕국이라는 것입니다. 지금 우리가 천 년 동안 왕 노릇 하고 있다고 합니다. 영적으로 이해할 수 있는 이야기입니다. 그러나 우리의 구원은 영적인 것만 있지 않고 육적인 것도 있습니다.

구원의 궁극은 영육 간에 온전히 이루어지는 몸의 구속까지입니다. 영이 누리는 천국만 있는 것이 아니고, 영과 육이 누리는 천국도 있습니다. 성경은 전인적인 구원을 말하지 영 따로, 육 따로 말하고 있지 않습니다.

예수님은 영만 구원하신 것이 아니고 영과 육 모두 다 구원하셨습니다. 예수님의 초림 때에는 죄와 사망으로부터 건져내는 영적인 구원을 하셨습니다. 그러나 예수님의 재림 때에는 이 세상으로부터 빼내심을 입는 육적인 구원을 하십니다. 예수님이 재림하시면 몸의 구속이 이루어집니다. 그러므로 영적으로 왕 노릇 하는 것이라고 하면 안 됩니다.

구원은 몸의 구속까지 이루어져야 합니다. 그래야 구원의 완성이 되는 것입니다.

로마서 8장을 봅시다.

“이뿐 아니라 또한 우리 곧 성령의 처음 익은 열매를 받은 우리까지도 속으로 탄식하여 양자될 것 곧 우리 몸의 구속을 기다리느니라” (롬 8:23).

바울은 구원을 몸의 구속까지라고 하였습니다. 몸의 구속은 장차 예수님이 재림하시면 이루어집니다. 천년 왕국은 우리 몸이 구원을 받는 완성지점입니다. 그러므로 예수님의 재림 후에 일어나는 이야기를 하고 있는 요한계시록 20장의 천년 왕국을 영적인 것이라고 하면 안 됩니다. 실제로 우리 몸이 구속을 받는 것으로 보아야 합니다.

예수님은 하나님 나라를 몰고 다니시는 분입니다. 예수님의 초림 때에는 영적인 하나님 나라를 몰고 오셨습니다. 그러나 예수님의 재림 때에는 실제적인 하나님 나라를 몰고 오십니다. 초림에서부터 재림까지는 영적 천국이지만 재림부터 천년 왕국까지는 실제 천국입니다. 그러므로 예수님이 재림하시면 영육간의 구원이 온전하게 이루어지게 되는 것입니다.

무천년설의 오류는 오늘 본문을 보면 그대로 드러납니다.

요한계시록 20장 1-6절을 보세요.

"[1]또 내가 보매 천사가 무저갱 열쇠와 큰 쇠사슬을 그 손에 가지고 하늘로서 내려와서 [2]용을 잡으니 곧 옛 뱀이요 마귀요 사단이라 잡아 일천 년 동안 결박하여 [3]무저갱에 던져 잠그고 그 위에 인봉하여 천 년이 차도록 다시는 만국을 미혹하지 못하게 하였다가 그 후에는 반드시 잠깐 놓이리라 [4]또 내가 보좌들을 보니 거기 앉은 자들이 있어 심판하는 권세를 받았더라 또 내가 보니 예수의 증거와 하나님의 말씀을 인하여 목 베임을 받은 자의 영혼들과 또 짐승과 그의 우상에게 경배하지도 아니하고 이마와 손에 그의 표를 받지도 아니한 자들이 살아서 그리스도로 더불어 천 년 동안 왕 노릇 하니 [5](그 나머지 죽은 자들은 그 천 년이 차기까지 살지 못하더라) 이는 첫째 부활이라 [6]이 첫째 부활에 참예하는 자들은 복이 있고 거룩하도다 둘째 사망이 그들을 다스리는 권세가 없고 도리어 그들이 하나님과 그리스도의 제사장이 되어 천 년 동안 그리스도로 더불어 왕 노릇 하리라"

요한계시록 20장은 예수님이 재림하신 후의 모습을 말하고 있습니다. 초림이 아니고 재림입니다. 그러므로 천 년 동안 왕 노릇 하는 것을 영적으로 신약의 전 기간이라는 식으로 해석하면 안 되는 것입니다.

본문은 분명하게 예수님이 재림하신 후에 마귀를 결박하여 무저갱에 가두어 인봉한 다음 미혹하지 못하게 해 놓고서 천 년 동안 왕 노릇 한다고 말해 주고 있습니다.

무천년주의에서는 마귀가 미혹하지 못한다는 것을 예수님이 십자가에서 마귀의 권세를 깨트렸기 때문에 제한적으로 미혹한다고 주장합니다. 마치 목줄이 매여진 사자가 말뚝에 매여서 그 주변만 으르렁거리는 것처럼 마귀의 활동이 제한적이라고 합니다.

이것은 예수님의 초림 시에는 은혜로운 차원에서 그리 해석할 수 있습니다. 그러나 예수님의 재림 때가 다 되어가는 이 시대엔 그렇게 해석할 수가 없습니다. 지금은 본문 그대로 보아야 합니다.

본문을 보면, 마귀가 제한적으로 활동하는 것이 아니고 아주 활동할 수 없도록 무저갱에 가두어버렸습니다. 미혹하지 못하게 인봉하였습니다. 본문 어디에 제한적 활동을 한다고 합니까? 없습니다. "다시는 미혹하지 못하게 하였다가 그 후에는 반드시 잠깐 동안 놓이리라"라는 말은 앞서는 미혹을 하였는데 지금은 못하게 하였다는 뜻입니다. 그리고 때가 차면 다시 활동하게 한다는 뜻입니다.

마귀도 하나님이 부리는 종입니다.

욥기 1장을 봅시다.

"[6]하루는 하나님의 아들들이 와서 여호와 앞에 섰고 사단도 그들 가운데 왔는지라 [7]여호와께서 사단에게 이르시되 네가 어디서 왔느냐 사단이 여호와께 대답하여 가로되 땅에 두루 돌아 여기 저기 다녀 왔나이다 [8]여호와께서 사단에게 이르시되 네가 내 종 욥을 유의하여 보았느냐 그와 같이 순전하고 정직하여 하나님을 경외하며 악에서 떠난 자가 세상에 없느니라 [9]사단이 여호와께 대답하여 가로되 욥이 어찌 까닭 없이 하나님을 경외하리이까 [10]그와 그 집과 그 모든 소유물을 산울로 두르심이 아니니이까 주께서 그 손으로 하는 바를 복되게 하사 그 소유물로 땅에 널리게 하셨음이니이다 [11]이제 주의 손을 펴서 그의 모든 소유물을 치소서 그리하시면 정녕 대면하여 주를 욕하리이다 [12]여호와께서 사단에게 이르시되 내가 그의 소유물을 다 네 손에 붙이노라 오직 그의 몸에는 네 손을 대지 말지니라 사단이 곧 여호와 앞에서 물러가니라"(욥 1:6-12).

천상에서 하나님이 주제하는 회의가 열립니다. 마치 대통령이 수석 비서관들을 불러 놓고 회의를 하는 것과 같습니다. 이 때 사단도 참석합니다. 하나님이 사단에게 욥에 대하여 물어봅니다. 그러자 사단이 하나님에게 욥의 하나님을 경외하는 것은 하나님이 욥에게 잘해 주었기 때문이라고 합니다. 만약에 욥이 누리는 모든 것을 빼앗아 가면 욥도 하나님을 원망하고 떠날 것이라고 합니다.

그러자 하나님이 사단에게 욥을 시험토록 허락을 합니다. 잘 보시면 하나님이 사단에게 어디까지 시험하라고 가이드라인을 제시해 줍니다. 그러자 사단이 하나님이 허락한 범주 안에서 욥을 시험합니다. 이처럼 마귀는 독자적으로 활동하지 않고 하나님의 허락하에서 움직이는 것입니다. 하나님이 활동하라고 하면 움직이고 활동하지 말라고 하면 못 움직입니다.

그런데 예수님이 재림하시면 하나님이 옛 뱀 마귀 사단을 잡아서 무저갱에 가두고 미혹하지 못하게 합니다. 활동하지 못하도록 가두고 인봉까지 합니다. 나오지 못하도록 자물쇠로 채워놓았습니다. 이것은 마귀의 활동을 완전히 봉쇄한 것을 뜻합니다. 그런데 어떻게 나와서 활동을 한단 말입니까? 그럴 수는 없습니다. 그러므로 마귀가 제한적인 활동을 한다고 하는 무천년주의 주장에는 동의할 수가 없습니다.

예수님이 재림하시면 제일 먼저 마귀를 잡아서 가두는 일을 합니다. 그리고 어린 양의 혼인잔치가 이루어지는 것입니다. 그러므로 요한계시록 20장은 천년 왕국에서 실제로 일어나는 일을 말해주고 있습니다. 그러므로 영적이라고 하면 안 됩니다. 그리고 장차 될 일을 기록하고 있는 요한계시록의 성격상 천년 왕국은 반드시 일어날 사실이기 때문입니다.

잘 보시면 예수님의 재림 때에 두 부류의 성도가 있음을 보게 됩니다.

첫째로는, 예수의 증거와 하나님의 말씀으로 인하여 목 베임을 당한 자들의 영혼입니다. 이들은 예수님이 재림하시기 이전까지 믿음으로 살다가 죽은 성도들을 말합니다.

둘째로는, 짐승과 그의 우상에게 경배하지도 아니하고 이마와 손에 표를 받지 아니한 자들이 있습니다.

이들은 예수님이 재림하실 때 살아서 영접하는 성도들을 말합니다. 그러니까 예수님이 재림하시면 모든 성도들이 살아서 예수님과 함께 천 년 동안 왕 노릇 하게 되는 것입니다. 천년 왕국은 예수 안에서 산 자와 죽은 자가 함께 변화된 몸으로 살아가는 곳입니다. 죽은 자는 부활의 몸으로 살아나고, 산 자는 변화된 몸으로 살아서 천 년 동안 그리스도와 함께 왕 노릇 하게 되는 것입니다.

고린도전서 15장 49-54절을 봅시다.

"[49]우리가 흙에 속한 자의 형상을 입은 것같이 또한 하늘에 속한 자의 형상을 입으리라 [50]형제들아 내가 이것을 말하노니 혈과 육은 하나님 나라를 유업으로 받을 수 없고 또한 썩은 것은 썩지 아니한 것을 유업으로 받지 못하느니라 [51]보라 내가 너희에게 비밀을 말하노니 우리가 다 잠잘 것이 아니요 마지막 나팔에 순식간에 홀연히 다 변화하리니 [52]나팔 소리가 나매 죽은 자들이 썩지 아니할 것으로 다시 살고 우리도 변화하리라 [53]이 썩을 것이 불가불 썩지 아니할 것을 입겠고 이 죽을 것이 죽지 아니함을 입으리로다 [54]이 썩을 것이 썩지 아니함을 입고 이 죽을 것이 죽지 아니함을 입을 때에는 사망이 이김의 삼킨 바 되리라고 기록된 말씀이 응하리라"

바울은 예수님이 재림하시면 죽은 자가 살아나고 산 자는 변화한다고 말합니다. 흙에 속한 형상이 하늘에 속한 형상으로 변화할 것입니다. 성도의 부활을, 몸을 바꿔치기 당하는 것으로 말해 주고 있습니다.

중요한 것은 54절입니다.

"이 썩을 것이 썩지 아니함을 입고 이 죽을 것이 죽지 아니함을 입을 때에는 사망이 이김의 삼킨 바 되리라고 기록된 말씀이 응하리라"

썩을 것이 썩지 아니하는 몸으로 변화가 되는 것은 기록된 말씀이 응하는 것이라고 합니다. 말씀이 응한다는 말은 이렇게 되어야 성경이 다 이루어진다는 뜻입니다. 바울은 고린도전서 15장에서 예수님은 성경대로 죽으셨고, 성경대로 살아나셨으며, 성경대로 다시 오실 것을 말해 주고 있습니다.

그러므로 죽은 자가 살아서 천 년 동안 왕 노릇 하는 것은 영적 해석이 될 수 없습니다. 실제로 죽은 자들이 살아서 천 년 동안 왕 노릇 하게 되어 있습니다.

이것은 《호크마 주석》을 보면 잘 주석해 놓아서 그대로 인용합니다.

'살아서'라는 단어는 헬라어로 '에제산'이라고 하는데, 이는 육체적인 부활을 지칭할 때 사용된 단어로(마 9:18; 요 11:25; 행 1:3, 9:41; 롬 14:9; 계 1:18, 2:8, 13:14) 그리스도에게 충성한 자들이 부활하여 그리스도와 더불어 천 년 동안 통치할 것을 시사합니다.

예수님이 재림하시면 죽은 자들이 부활의 몸으로 살아납니다. 영적이 아니고 실제로 살아납니다. 왜 살아나느냐 하면 살아서 천 년 동안 왕 노릇을 해야 하기 때문입니다.

데살로니가전서 4장 13-18절을 봅시다.

"[13]형제들아 자는 자들에 관하여는 너희가 알지 못함을 우리가 원치
아니하노니 이는 소망 없는 다른 이와 같이 슬퍼하지 않게 하려 함
이라 [14]우리가 예수의 죽었다가 다시 사심을 믿을진대 이와 같이 예
수 안에서 자는 자들도 하나님이 저와 함께 데리고 오시리라 [15]우리
가 주의 말씀으로 너희에게 이것을 말하노니 주 강림하실 때까지 우
리 살아남아 있는 자도 자는 자보다 결단코 앞서지 못하리라 [16]주께
서 호령과 천사장의 소리와 하나님의 나팔로 친히 하늘로 좇아 강림
하시리니 그리스도 안에서 죽은 자들이 먼저 일어나고 [17]그 후에 우
리 살아남은 자도 저희와 함께 구름 속으로 끌어올려 공중에서 주를
영접하게 하시리니 그리하여 우리가 항상 주와 함께 있으리라 [18]그러
므로 이 여러 말로 서로 위로하라"

바울이 주의 재림과 성도의 부활을 전하자 복음을 방해하는 자들이 비아냥거리면서 조롱하는 것입니다. 그러자 믿음이 연약한 성

도들이 흔들리는 것입니다. 이에 바울은 예수님의 재림과 성도의 부활은 역사 속에서 확실하게 일어날 사건이라고 말해 주고 있습니다. 예수님은 재림하실 때 자는 자들을 함께 데리고 오십니다.

여기서 자는 자들이란? 천국에서 안식하고 있는 성도들을 말합니다. 히브리서 12장에서는 이들을 "하늘에 있는 허다한 구름 같은 증인들"이라고 하고, 요한계시록 6장에서는 "하나님께 자기들의 원수를 빨리 갚아 달라고 신원하는 영혼들"이라고 합니다.

요한계시록 6장 9-11절을 보십시오.

"9다섯째 인을 떼실 때에 내가 보니 하나님의 말씀과 저희의 가진 증거를 인하여 죽임을 당한 영혼들이 제단 아래 있어 10큰 소리로 불러 가로되 거룩하고 참되신 대주재여 땅에 거하는 자들을 심판하여 우리 피를 신원하여 주지 아니하시기를 어느 때까지 하시려나이까 하니 11각각 저희에게 흰 두루마기를 주시며 가라사대 아직 잠시 동안 쉬되 저희 동무 종들과 형제들도 자기처럼 죽임을 받아 그 수가 차기까지 하라 하시더라"

천상에 보니까 하나님의 말씀과 예수의 증거로 일찍 죽임을 당한 영혼들이 제단 아래서 하나님께 큰 소리로 자신들의 원수를 갚아 달라고 합니다. 그러자 하나님이 그들에게 흰 두루마기를 입혀 주시고는 잠시 기다리라고 하십니다. 이들을 자는 자들이라고 합니다.

예수님이 재림하실 때 이들을 데리고 오시는 것입니다. 이때 살아남은 자들과 함께 공중에서 만나게 되는 것입니다. 자는 자들은 살아나고 살아남은 자들은 변화된 몸으로 공중으로 이끌려 올라가게 됩니다.

이 말씀은 요한계시록 20장 4-5절에서 말하는 '짐승에게 절하지 않고 그 표를 받지 않은 자들과 하나님의 말씀과 예수의 증거로 목베임을 받은 자들이 살아서 그리스도와 함께 천 년 동안 왕 노릇 하리라' 는 말씀과 똑같은 말씀입니다. 천년 왕국은 예수님 때문에 이 땅에서 고난을 당한 자들을 나중에 예수님이 재림하여서 유업과 상으로 주어지는 나라인 것입니다. 그러므로 천년 왕국은 예수님의 초림으로 주어진 '영적인 것이다' 라고 하는 무천년주의 학설은 비성경적인 것으로서 온전한 해석이 될 수가 없는 것입니다.

2) 후(後)천년주의

후(後)천년주의는 천년 왕국이 지나고 난 후에 예수님이 재림하신다는 학설입니다. 오순절 성령 강림으로 교회 시대가 열렸습니다. 사도들이 예수 그리스도의 부활의 도를 전하자 하루에 수천 명씩 회개하고 교회로 돌아오는 자들이 생겨났습니다. 날마다 모여서 떡을 떼며 찬송하면서 잔치를 했습니다.

교회 안에 있는 가난한 자와 부자가 차별이 없고, 종이나 상전의 차별이 사라지고, 유대인과 이방인의 차별이 사라집니다. 신분의 벽

이 사라지고 모두가 평등한 세상이 열린 것입니다.

초대 교회 성도들은 오순절 성령 강림으로 하나님 말씀이 흥왕하여 믿는 무리들이 많이 일어나고, 복음이 온 세상에 증거되면서 세상이 점점 더 좋아져서 천년 왕국이 도래한다고 생각했습니다. 이 땅에 천년 왕국이 세워진다고 믿은 겁니다. 그 당시의 모습이 그러했으니까 그렇게 생각할 수도 있었습니다. 그래서 성도들이 천 년 동안 왕 노릇 하면서 살다가 천 년이 차면 예수님이 재림하셔서 성도들을 영원한 하늘나라로 데리고 가신다고 생각한 것입니다.

이 학설은 초대 교회 때에는 많은 지지를 받았습니다. 그런데 시일이 지나면서 이 환상은 깨어지기 시작합니다. 세상이 좋아지는 것이 아니라 점점 더 악해지고 있었기 때문입니다. 그래서 지금은 후천년주의를 주장하는 사람들은 거의 없습니다.

중요한 것은 천년 왕국이 되려면 예수님이 재림하셔야 합니다. 그래야 그리스도와 더불어 왕 노릇 하여야 하기 때문입니다. 그러므로 예수님 재림 전에 천년 왕국이 이루어진다는 것은 모순인 것입니다. 예수님의 재림 속에는 원수의 심판과 자기 백성들의 구원이 동시적으로 담겨 있습니다. 예수님이 재림하시는 것은 자기 백성들에게 안식을 주고자 하심입니다.

그러므로 이 땅에서도 천 년 동안 왕 노릇을 하고 예수님이 재림을 하시면 또 천국에서 안식을 누리게 된다는 후천년설의 주장은 예수님이 자기 백성을 구원하는 구속사적인 의미와도 반하는 것이므로 동의할 수가 없습니다. 천년 왕국은 이 땅에서 하나님의 말씀과 예수의 증거로 살다가 고난을 당한 성도들에게 주어지는 유업이고 상이기 때문에 천 년 동안 왕 노릇하고 예수님이 재림을 한다는 후천년주의 학설은 비성경적이 되는 것입니다.

성경을 보면, 하나님이 이 세상을 방문하실 때는 항상 죄악이 관영할 때입니다. 이것은 창세기 1장 2절에서 잘 보여주고 있습니다. 흑암이 깊음 중에 있을 때 하나님이 나타나셔서 흑암 속에서 빛을 끄집어내십니다. 창세기 1장 2절은 종말의 모습입니다. 이것이 노아 시대에 그대로 나타났습니다.

노아 시대를 일컬어 죄악이 관영한 때라고 합니다. 이는 창세기 1장 2절의 모습과 같습니다. 이때 하나님은 노아의 식구를 구원하시고 나머지는 심판을 단행하셨습니다.

예수님의 초림 때도 마찬가지였습니다. 예수님의 초림은 구약 교회의 종말입니다. 예수님이 오셨을 때 구약 교회는 강도의 굴혈이 되어 있었습니다. 그래서 예수님이 구약의 율법 교회를 심판하시고, 그 속에서 자기 백성들을 구원하셨습니다. 이것을 열두 제자를 불러내는 것으로 보여주신 것입니다.

예수님의 재림 때도 마찬가지입니다. 신약의 교회가 구약의 교회처럼 타락해 버렸습니다. 이 시대는 교회마다 교인들마다 세속적 가치로 엄몰이 되어서 강도의 굴혈이 되고 말았습니다. 이를 요한계시록 17-18장에서는 음녀라고 합니다. 그래서 예수님은 "내 백성아, 그들의 죄에 참예치 말고 거기서 나오라"라고 말씀하십니다.

예수님이 초림 때 강도의 굴혈이 된 구약 교회를 멸망시키고 열두 제자들을 불러내셨듯이, 종말에도 예수님이 재림하셔서 신약의 타락한 교회인 음녀를 멸망시키고 그 속에서 자기 백성들을 구원해 내시는 것입니다. 그러므로 천년 왕국 후에 예수님이 재림하신다는 후천년설은 틀린 학설인 것입니다. 심정적으로는 이해를 하지만 성경의 지지를 받을 수가 없으므로 동의할 수 없는 것입니다.

3) 전(前)천년주의

전(前)천년주의는 후천년주의와 반대 학설입니다. 후천년주의는 천년 왕국 후에 예수님이 재림하신다는 학설이지만, 전천년주의는 예수님이 재림하신 후에 천년 왕국이 이루어진다는 학설입니다.

무천년주의에서는 요한계시록을 영적으로 보았지만, 전천년주의는 요한계시록을 장차 역사 속에서 일어날 실제적 사건으로 보는 것입니다. 그래서 천년 왕국도 예수님이 재림하시면 실제로 이 땅에서 이루어진다고 믿는 것입니다. 가장 성경적인 학설입니다. 하지만 미흡한 부분이 많이 있어서 크게 지지를 받지 못하고 있습니다. 성경의 난제들을 속 시원하게 해석하지를 못하기 때문입니다.

천 년 후에 사단이 풀려나 미혹한다는 것과, 곡과 마곡이 전쟁을 일으키는 것이나, 천년 왕국에서 아이를 낳고 사는 것이나, 백보좌 심판 후에는 어디로 가는지 등등을 명쾌하게 설명해 주지 못하고 있습니다.

전천년주의에서도 두 가지 학설이 있습니다.

'역사기 전천년주의'와 '세대주의 전천년주의'로 나누어집니다. 둘 다 예수님이 재림하셔야 천년 왕국이 이루어진다고 하는 것에서는 동일합니다. 역사기 전천년주의의 미흡한 부분을 해소하고자 나온 것이 세대주의 전천년주의입니다.

하지만 세대주의 전천년주의는 너무도 큰 모순을 낳고 있습니다. 가장 큰 모순이 예수님의 재림과 성도의 구원입니다. 역사기 전천년주의는 예수님의 재림을 단회적으로 보는데, 세대주의 전천년주의는 예수님의 재림을 두 번으로 보고 있습니다. 또한 구원도 유대인 구원과 이방인 구원을 다르게 보고 있습니다. 역사기 전천년주의는 이방인과 유대인 구원을 구분하지 않는데, 세대주의 전천년주의에서는 이방인 구원과 유대인 구원을 나누어서 보고 있습니다.

세대주의 전천년주의는 이방인 구원과 유대인 구원을 나누어서 보기 때문에, 예수님의 재림을 공중 재림과 지상 재림으로 두 번 보게 되는 것입니다. 세대주의 전천년설은 7년 대환란 전에 예수님이 공중으로 재림하셔서 이방인 성도들을 휴거시키시고 난 후 이 땅에 유대인 구원이 이루어진다고 주장합니다.

예수님이 공중으로 재림하시면 이방인 교회들은 공중에서 혼인 잔치를 하고, 이 땅에서는 7년 동안 유대인들의 각 지파 중에서 남은 자들인 12,000명씩 인을 치는데, 도합 144,000명이 구원을 받는다는 것입니다. 그 후에 예수님이 지상에 재림하셔서 천년 왕국을 건설하신다는 것입니다.

세대주의 전천년주의는 요한계시록 2-3장까지는 이방인 교회에 주신 말씀이고, 4장 이후는 유대인들에게 주신 말씀이라고 합니다. 이들은 이방인 교회들은 2-3장 아시아의 일곱 교회 시대를 끝이라고 합니다. 그 이유는 4장에서 이리로 올라오라고 한 후에는 더 이상 교회라는 말이 언급이 되지 않기 때문에 이방인 교회는 공중으로 올라갔다고 보는 것입니다. 그래서 4장 이후는 유대인 구원을 말하는 것이라고 합니다. 그렇기 때문에 7장에서 말하는 이스라엘의 12지파 중에서 인을 맞은 144,000명은 7년 환란 속에서 회개하고 돌아온 실제 유대인들 중에서 남은 자들이라고 하는 것입니다.

세대주의 전천년설의 이론으로 본다면, 요한계시록 4장 이후의 말씀은 유대인에게 주어진 말씀이기 때문에 이방인들에게는 필요없는 책이 되고 마는 것입니다. 왜냐하면 4장 이후는 유대인 구원을 말하는 것이라고 하기 때문입니다. 그러면서 한국 교회 세대주의 전천년주의를 주장하는 분들은 666표를 받지 말아야 한다고 강조합니다.

그들의 주장대로라면 이방인 교회는 4장 이전에 이미 다 휴거하고 없습니다. 그런데 13장에 나오는 666표를 받으면 큰일 나니까 받지 말라고 하고 있어요. 이건 어불성설이에요.

한국 교회는 이방인 교회입니다. 4장 이후는 유대인을 위한 것이라면서 왜 이방인들이 난리입니까? 그러면 한국 교회는 666에 대하여 신경 쓸 이유가 없어야 하는 것입니다. 그런데도 받으면 큰일 나기 때문에 받지 말라고 합니다. 이건 자기모순이고 말이 맞지 않아요. 이 모두가 성경을 문자적으로 보기 때문입니다.

성경은 유대인 구원과 이방인 구원을 구분하지 않습니다. 그리고 예수님의 재림도 두 번으로 말하지 않습니다. 또한 천년 왕국이 연기가 되었다고도 하지 않아요. 세대주의자들이 왜 이러한 주장을 하는가 하면 성경을 각 세대별로 나누어서 보기 때문입니다.

세대주의는 인류 역사를 일곱 세대로 나누어서 봅니다.

1세대를, 에덴동산의 '무죄 시대'라고 하고,

2세대를, 선악과를 먹은 후부터 노아 시대까지를 '양심 시대'라고 하고,

3세대를, 노아 홍수 후부터 아브라함까지 '인간 통치 시대'라고 하고,

4세대를, 아브라함부터 모세 시대까지 '언약 시대'라고 하고,

5세대를, 모세부터 예수님까지 '율법 시대'라고 하고,

6세대를, 예수님 이후부터 7년 환난 전까지를 '교회 시대'라고 하고,

7세대를, 예수님 재림 후 '천년 왕국 시대'라고 합니다.

이들은 하나님이 각 시대마다 다르게 구원을 하셨다고 합니다. 시대가 다르기 때문에 하나님이 각 시대마다 구원하는 방법도 다르다는 것입니다.

양심 시대는 양심으로 하고,

언약 시대는 언약으로 하고,
율법 시대는 율법으로 하고,
교회 시대는 믿음으로 한다고 합니다.

이건 비성경적이에요. 구원은 어느 시대이고 예수 그리스도를 믿는 믿음으로 받습니다. 이건 각 시대마다 예표적으로 나타나 있어요. 이걸 선취적 삶이라고 합니다. 바울이 다메섹에서 예수님을 만나고 난 후 눈에 비늘이 떨어지고 나니까 구약의 모든 이야기는 예수 그리스도의 십자가를 말해주고 있다는 것을 깨달았어요. 그래서 바울은 구약의 모든 성경을 예수 그리스도로 해석을 하였던 것입니다.

세대주의 전천년주의의 가장 큰 오류는 '천년 왕국 연기설'입니다.

세대주의는 예수님이 이 세상에 오신 것은 유대인을 구원하시기 위함이라고 합니다. 유대인을 구원해서 천년 왕국을 건설하고자 하셨는데, 유대인들이 예수님을 알아보지 못하고 십자가에 못 박아 죽였기 때문에 천년 왕국이 연기가 되었다는 것입니다.

그래서 '천년 왕국 연기설'을 주장합니다. 유대인들이 예수님을 죽인 죄로 구원이 이방인에게 넘어갔는데, 이것이 신약의 이방인 교회 시대로 나타났다는 것입니다. 이를 '이방인의 때'라고 합니다. 이방인 구원이 끝이 나면 유대인 구원이 시작되는데, 이것이 7년 환난이라는 것입니다.

이방인 교회가 7년 환난 전에 공중으로 휴거하고 난 후 유대인들은 7년 환난 속에 집어넣어서 예수님을 십자가에 죽인 죗값을 치르게 하고 회개케 하는 큰 환난을 겪게 된다고 합니다. 이때 자기의 잘못을 깨닫고 회개하는 자들이 일어나는데, 이들이 바로 요한계시록 7장에서 말하는 각 지파에서 인 맞은 144,000명이라는 것입니다. 7년 환난 후에 예수님이 지상으로 재림하시면 이방인 교회와 유대인들이 함께 천년 왕국을 이룬다는 것입니다.

이들은 자기들의 학설을 주장하기 위하여 성경을 억지로 자기 학설에 끼워 맞추고 있는 것입니다. 그러다 보니 예수님이 두 번 재림을 하셔야 하고, 이방인 구원과 유대인 구원으로 나누고, 천년 왕국도 연기되어야 하는 것입니다.

2000년 전에 메시아가 오셨는데, 유대인들이 못 알아보고 실수로 죽여서 천년 왕국이 연기가 되었다는 말을 하는 것입니다. 만약에 유대인들이 예수를 알아보고 영접하였으면 이방인인 한국 교회 성도들은 구원받을 수 없었을 것입니다. 신약의 교회가 세워질 필요도 없었습니다. 왜냐하면 유대인들이 초림으로 오신 예수님을 영접하면 천년 왕국이 이미 이루어졌기 때문입니다.

그러면 역사는 초림으로 끝이 나고 말았을 것입니다. 하지만 아무리 생각해도 이것은 아니지요? 그런데도 자기들의 학설을 버리지 못하는 것은 다리오 왕처럼 자신들이 정한 교리에 묶여 있기 때문입니다. 이처럼 학설에 묶이면 성경을 아전인수식으로 해석하게 되어 있습니다.

이 모두가 창세 전 언약의 관점에서 성경을 보지 않고 문자적으로 보기 때문에 이렇게 무리한 해석을 하게 되는 것입니다. 창세 전 언약이 역사 속에서 점진적으로 성취되어 간다는 것을 모르는 것입니다. 창세 전 언약을 모르기에 성경을 통으로 보지 못하고 무 자르듯이 세대마다 토막토막 잘라 나누어서 보게 되는 것입니다. 성경은 유대인 구원과 이방인 구원을 구분하지 않습니다. 그리고 예수님의 재림도 두 번으로 말하지도 않습니다. 또한 천년 왕국이 연기가 되었다고도 하지 않아요. 그럼에도 세대주의자들이 이러한 주장을 하는 것은 성경을 문자적으로 보기 때문입니다.

창세 전 언약은 죄 아래 있는 자가 예수 그리스도의 피 흘리심으로 죄 사함을 받는 것입니다. 그러면 먼저 죄 아래 가두어짐이 있어야 합니다. 그래야 건져냄이 형성이 되는 것입니다. 버려짐이 없으면 찾으심도 없습니다. 구원은 반드시 버려짐을 전제로 해서 주어지는 것입니다.

예수님은 살려주시는 영입니다. 살려주시려면 죽어 있어야 합니다. 살아 있는 자는 살려낼 이유가 없기 때문입니다. 그래서 예수님이 오시기 전에 세례 요한이 먼저 와서 죽이는 일을 하는 것입니다. 이것이 물세례로 나타났습니다. 세례 요한을 일컬어 율법과 선지자의 마침이라고 하지요. 이는 세례 요한이 율법 역할을 한다는 뜻입니다.

알다시피 율법은 옛 언약으로서 죄 아래 가두는 언약입니다. 세례 요한이 율법으로 전부 죽이는 일을 한 것입니다. 이것을 주의 길을 예비한다고 합니다. 어째서 주의 길을 예비하는 것이 되나요? 예수님은 살려주는 영으로 오시는 분이기 때문입니다. 살려주려면 누가 죽여 놓아야 합니다. 이 일을 세례 요한이 했어요. 그래서 세례 요한을 일컬어 주의 길을 예비하는 자라고 하는 것입니다. 세례 요한이 죽여 놓은 자들을 예수님은 살려내는 일을 하시는 것입니다.

세례 요한은 옛 언약 일을 하고, 예수님은 새 언약의 일을 하신 것입니다. 옛 언약은 새 언약 안에서 완성이 됩니다. 그러므로 세례 요한과 예수님은 서로 짝이 되어서 창세 전 언약을 이루신 것입니다. 이처럼 창세 전 언약 안에서는 옛 언약과 새 언약이 하나인 것입니다.

언약을 이루어가시는 분은 예수님입니다. 그래서 예수님도 두 언약으로 일하시는 예수님이 계신 것입니다. 그것이 예수님의 육체적 사역과 영적 사역으로 나타나는 것입니다. 육체로 오신 예수님은 우리 옛 사람을 십자가에서 죽이는 일을 하시고, 성령으로 우리 가운데 오신 예수님은 우리를 새로운 피조물로 창조하는 일을 하십니다.

언약은 시대마다 나누어지는 것이 아니고, 역사 전반에 걸쳐서 점진적으로 확대되고 심층적으로 나타나게 되는 것입니다. 과거의 언약이 현재의 언약으로 흡수되고, 현재의 언약이 미래의 언약으로 흡수되는 것입니다. 구약이 신약 안으로 흡수되어서 완성이 되는 것입니다.

그러므로 세대주의와 같이 각 시대를 나누어서 구원이 주어진다는 것은 비성경적인 것입니다. 세대주의는 성경을 문자적으로 보기 때문에 구약과 신약을 단절로 보게 되는 것입니다. 그래서 유대인과 이방인을 구분하는 것입니다.

구약과 신약은 하나입니다. 구약은 그림자이고, 신약은 실상입니다. 그림자와 실상은 한 세트입니다. 그림자를 통해서 실상이 있음이 되고, 실상이 있으므로 그림자가 있는 것입니다. 창세 전 언약을 모르면 그림자 따로 실상 따로 해석하게 됩니다. 구약과 신약이 하나라는 것을 모르다 보니 성경을 무 토막 내듯이 각 세대별로 잘라서 유대인 구원과 이방인 구원이 따로 있다고 해석하는 오류를 낳게 되는 것입니다.

지금까지 간단하게 각각의 학설의 장단점을 살펴보았습니다. 각각의 학설마다 장단점이 있기 때문에 어느 학설에 매이지 마시기 바랍니다. 그러면 창세 전 언약의 관점에서 바라본 천년 왕국은 어떤 것인지를 살펴보기로 합시다.

2
성경은 사실(fact)을 말해 주고 있다

성경은 역사적 사실을 말해 주고 있습니다. 그렇다면 우리가 이해하지 못한다고 해서 하나님께서 역사 속에서 일하신 실제적인 사실을 중심으로 기록하고 있는 성경을 문학 소설이나 동화처럼 이해할 수는 없는 것입니다. 또한 상징적인 것으로 이해할 수도 없습니다.

내가 존재하는 것은 사실입니다. 내가 존재한다는 것은 나로 존재케 하는 조상이 있다는 뜻입니다. 우리의 조상은 아담입니다. 우리가 실존 인물이듯이 우리를 존재케 하는 조상인 아담도 실존 인물입니다. 아담이 실존 인물이듯이, 아담이 살았던 에덴동산도 실제입니다. 아담이 쫓겨나서 살아가는 세상도 실제입니다.

노아 홍수도 사실이고, 애굽의 바로 왕이 있었던 것도 사실이고, 모세가 이스라엘을 애굽에서 구출한 것도 사실이고, 이스라엘이 홍해바다를 건넌 것도 사실이고, 여리고 성이 무너져서 이스라엘이 가나안 땅에 들어가서 산 것도 사실이고, 솔로몬이 가나안 땅에 성전을 지은 것도 사실입니다.

동정녀 마리아가 예수 그리스도를 낳은 것도 사실이며, 예수님께서 오병이어의 기적을 일으킨 것도 사실이며, 바다 위를 걸은 것도 사실이며, 각종 병자를 고치고 귀신을 쫓아낸 것도 사실이며, 죽은 나사로를 살린 것도 엄연한 사실입니다.

예수님이 십자가에 죽으신 것도 사실이고, 죽은 지 사흘 만에 부활하여서 승천하신 것도 사실입니다. 오순절 성령 강림으로 교회가 세워진 것도 사실이고, 예수님의 핏값으로 세워진 교회가 지금까지 세상 속에 존재하는 것도 사실입니다.

그러면 예수님이 재림하시는 것도 사실이고, 예수님이 재림하신 후 사단을 잡아서 무저갱에 천 년 동안 가두는 것도 사실이고, 성도들이 그리스도와 더불어 천 년 동안 왕 노릇 하는 것도 사실이어야 합니다. 요즘 말로 팩트(fact)입니다.

예수님 초림까지는 사실이고, 예수님 재림 후는 영적이라고 하면 안 됩니다. 영적이면 다 영적이어야 하고, 사실이면 다 사실이어야 합니다. 어느 것은 영적이고, 어느 것은 사실이라고 하면 안 됩니다. 우리가 깨닫는 것이 둔하고 이해하는 것이 좁아서 그렇지 영과 육은 따로 나누어지는 것이 아닙니다. 왜냐하면 영적인 일이 실제 속에서 일어나기 때문입니다.

구원이란 죄와 사망으로부터 건져냄을 당하는 것입니다. 이것이 영적으로도 일어나고 육적으로도 일어납니다. 우리가 흙으로 난 육신을 입고 살아가는 동안은 영적으로 구원을 누립니다. 하지만 예수님이 재림하시면 새로운 몸으로 구원을 받습니다.

그러므로 영의 구원과 육의 구원은 분리되는 것이 아니고 하나라고 하는 것입니다. 영적인 것이 실제적으로 나타나서 최종적으로는 영육간의 구원을 받게 되기 때문입니다. 예수님은 우리를 전인적으로 구원해 주시지 영적으로만 구원해 주시지 않습니다. 만약에 구원을 영적인 것으로만 이해하고 삶이 없다면 그것은 이원론 신앙으로서 영지주의 이단입니다.

성경은 고상한 이치를 깨닫는 사상집이 아닙니다. 신앙생활은 도를 닦는 것이 아닙니다. 신앙생활은 말 그대로 믿는 도리를 삶으로 풀어 가는 것입니다. 성경은 성도의 삶의 이야기입니다. 하나님의 백성들이 죄와 사망의 세력을 잡은 자들과 싸워가는 삶의 이야기입니다.

성경은 철학 서적이 아닙니다. 그런데 이 시대는 성경이 교훈집이 되고 말았습니다. 목사님들의 설교가 철학적 담론이 되어버렸습니다. 그러다 보니 신자들의 신앙생활이 이원화되어서 입술로는 천국을 말하지만, 몸과 마음은 이 세상이 전부라고 여기고 세상 가치를 쫓아가고 있는 것입니다. 이러한 것은 모두가 성경을 영과 육을 구분해서 보아 왔기 때문입니다.

우리는 그동안 성경의 이야기를 이해가 안 되면 다 영적이라는 말로 피해 갔습니다. 우리의 지혜로는 다 이해할 수가 없기 때문에 암묵적으로 그렇게 서로 인정해 주었습니다. 그러나 우리가 이해하지 못한다고 해서 실제 역사 속에서 일어난 사건을 이야기하고 있는 성경의 이야기를 영적이라고 할 수는 없습니다.

다만 우리가 깨닫는 것이 둔하여서 그렇게 말을 할 수는 있습니다. 또한 때가 되지 않아서 열리지 않은 것도 그때가 찰 때까지는 영적으로 이해하고 은혜를 받을 수는 있습니다.

하지만 하나님의 언약은 시간의 흐름으로 진행되는 역사 속에서 점진적으로 심층적으로 성취되어 가고 있습니다. 과거에 상징으로 보던 것들이 이제는 실제로 드러나고 있습니다. 실제로 드러나고 있음에도 과거적 해석인 영적이라고만 고집할 수는 없습니다.

역사가 진행되면서 계시가 확대되어 가듯이 우리가 성경을 보는 안목도 더 깊어지고, 더 넓어지고, 더 높아져야 합니다. 마치 어린아이가 자라가면서 세상을 알아가는 폭이 넓어지고 깊어지듯이, 우리의 신앙도 경륜이 쌓여가면서 희미하던 하나님의 일하심이 점점 더 선명하게 보이고 이제는 눈으로 보고 손으로 만지고 귀로 들은 바가 되어야 합니다.

요한일서 1장 1-3절을 봅시다.

"1태초부터 있는 생명의 말씀에 관하여는 우리가 들은 바요 눈으로
본 바요 주목하고 우리 손으로 만진 바라 2이 생명이 나타내신 바 된
지라 이 영원한 생명을 우리가 보았고 증거하여 너희에게 전하노니
이는 아버지와 함께 계시다가 우리에게 나타내신 바 된 자니라 3우
리가 보고 들은 바를 너희에게도 전함은 너희로 우리와 사귐이 있게
하려 함이니 우리의 사귐은 아버지와 그 아들 예수 그리스도와 함께
함이라"

사도 요한은 태초부터 있는 생명의 말씀에 관하여 눈으로 보고 귀로 듣고 손으로 만진 바 되었다고 합니다. 무슨 말입니까? 창세 전에 말씀으로 계시던 하나님을 직접 만났다고 하는 것입니다.

그분이 누구입니까? 예수 그리스도입니다. 예수님은 태초에 생명의 말씀으로 계시던 하나님입니다. 그런데 그분이 이 세상에 오셨습니다. 자기 백성들을 만나주셨습니다.

말씀이라는 추상이 예수라는 실상으로 나타난 것입니다. 영이 육으로 오신 것입니다. 예수님은 영적인 것을 실제로 나타내신 분입니다. 예수님이 하신 말씀이 전부 영적이면서 실제적인 것입니다. 그러므로 예수님이 재림하시면 그동안 영적으로 알았던 천국이 실제적으로 나타나게 되는 것입니다. 예수님이 그 실제적인 천국을 몰고 오십니다. 그것이 천년 왕국입니다.

성경은 하나님이 자기 백성들에게 주신 편지입니다. 편지는 읽고 이해하라고 주신 것입니다. 하나님의 편지인 성경은 역사의 시작과 끝을 말하고 있습니다. 그러면 때를 따라서 편지의 내용들을 점진적으로 알려주실 것입니다. 하나님이 반드시 모든 성경의 이야기가 사실이라는 것으로 깨닫게 해 주실 것입니다.

십자가의 도가 구원을 받은 성도들에게는 하나님의 능력이고, 멸망을 받은 자들에게는 미련하고 어리석게 보인다고 하였습니다. 우리는 구원받은 자들입니다. 그러므로 성경의 이야기를 사실 그대로 받아들여야 합니다.

예수님이 초림으로 오셔서 하신 일들은 모두가 사실입니다. 그러면 예수님이 재림하셔서 하실 일도 사실이어야 합니다. 초림으로 오셔서 하신 일이 사실이므로 재림하신 후에 땅에서 천 년 동안 왕 노릇 한다는 것도 사실이어야 합니다. 그러므로 천년 왕국은 '영적이다'라고 하면 안 됩니다.

그런데 우리는 다른 것은 다 실제로 이해하면서도 천 년 동안 왕 노릇 한다는 것은 실제로 받아들이려 하지 않고 영적으로 이해하려고 합니다. 아마도 이 세상이 살기가 좋아서 그럴 것입니다. 세상이 살기 좋으니까 천국은 상상 속에 두어도 괜찮다고 생각하는 것입니다. 이러한 사고가 장차 될 일을 기록한 요한계시록을 묵시 문학적 표현이라고 하면서 상징적으로만 이해하게 하였던 것입니다.

이것은 사단의 미혹입니다. 이 시대는 마귀가 성경을 인간들의 윤리 도덕을 가르치는 교훈집으로 만들어 놓았습니다. 예수님의 재림 이야기를 동화처럼 만들어 놓았습니다. 그러다 보니 교회가 종말이 없다고 하는 것입니다. 실제로 진보주의 성향의 교단에서는 이 세상 종말이 없다고 가르치고 있습니다. 이 세상 회복설을 주장하고 있습니다.

이 세상은 영원하니까 자연보호를 잘하여서 후손들에게 물려주어야 한다고 합니다. 그래서 생태 신학이 나오고, 환경 신학이 나오고, 여성 신학이 나오고, 별별 이름의 신학들이 쏟아져 나오고 있는 것입니다. 과연 그럴까요?

성경은 분명히 예수님이 재림하시면 이 세상은 멸망당하고 천년 왕국이 이루어진다고 말씀합니다. 그런데도 우리는 그것이 실제가 아니고 영적인 이야기라고 합니다.

우리는 성경이 말하는 것을 말하고 성경이 말하지 않는 것은 말하지 말아야 합니다. 우리의 지식으로 이해하지 못한다고 하여 있는 것을 없다고 해서도 안 되고, 또한 없는 것을 그럴듯하게 지어내어 이야기해서도 안 됩니다.

우리는 말씀이 가는 데까지 가고, 말씀이 멈추는 데서 멈추어야 합니다. 이것이 성도가 성경을 대하는 자세입니다. 천년 왕국에 대해서도 성경이 가는 데까지 가고, 멈추는 데서 멈추면 됩니다. 깨닫게 해 주시는 데까지만 이해하시면 됩니다. 그러면 성경이 말하는 천년 왕국은 어떤 곳인지 성경을 따라가 봅시다.

3
천년 왕국의 의미

먼저 천년 왕국의 의미부터 살펴봅시다. 천년 왕국이 어떤 성격을 담고 있는지를 보십시다. 천년 왕국에 들어가는 자들을 첫째 부활에 참예하는 자들이라고 합니다.

요한계시록 20장 6절을 봅시다.

> "이 첫째 부활에 참예하는 자들은 복이 있고 거룩하도다 둘째 사망이 그들을 다스리는 권세가 없고 도리어 그들이 하나님과 그리스도의 제사장이 되어 천 년 동안 그리스도로 더불어 왕 노릇 하리라"

첫째 부활이란, 예수님이 재림하실 때 살아나는 것을 말합니다. 첫째 부활은 성도들만 합니다. 이를 생명의 부활이라고 합니다. 불신자들은 천 년 후에 둘째 부활 때 살아납니다. 이는 심판의 부활이라고 합니다. 심판 후에 둘째 사망으로 들어가게 됩니다. 이는 영원한 지옥으로 들어가는 것을 말합니다.

신자는 둘째 사망이 없습니다. 신자들은 천년 왕국이 끝나면 영원한 천국으로 들어가기 때문입니다. 이렇게 되면 천년 왕국은 사망을 이기고 벗어난 자들이 수고를 그치고 안식하는 곳이라는 것을 알 수가 있습니다.

그래서 천 년 동안 그리스도와 더불어 왕 노릇 한다고 하는 것입니다. 왕 노릇을 한다는 것은 왕과 같은 영광을 받는다는 뜻입니다. 역사 속에서는 예수 그리스도의 종으로서 왕 같은 제사장으로서 그리스도의 마음으로 섬김의 삶을 살았습니다.

그러나 천년 왕국은 이기는 자들에게 유업으로 주어지는 곳이므로 그리스도와 함께 영광을 받게 되는 것입니다. 천년 왕국은 일하는 곳이 아니고 수고를 그치고 안식하는 곳입니다.

하나님은 성도의 구원을 창조로 설명하고 있습니다. 천지 창조를 보면 하나님께서 엿새 동안 일하시고 일곱째 날에 안식하셨음을 볼 수 있습니다. 그러면 성도가 엿새 동안 일하는 것은 이 땅에서 왕 같은 제사장으로 교회를 섬기면서 구원을 이루어가는 것을 뜻합니다.

로마서 8장 29-30절을 봅시다.

"[29]하나님이 미리 아신 자들로 또한 그 아들의 형상을 본받게 하기 위하여 미리 정하셨으니 이는 그로 많은 형제 중에서 맏아들이 되게 하려 하심이니라 [30]또 미리 정하신 그들을 또한 부르시고 부르신 그들을 또한 의롭다 하시고 의롭다 하신 그들을 또한 영화롭게 하셨느니라"

잘 보시면, 하나님께서 일하시는 순서가 있음을 보게 됩니다. 미리 아신 자들을 부르시고, 부르신 그들을 의롭다 하시고, 의롭다 하신 그들을 또한 영화롭게 하신다고 하였습니다. 미리 아심은 과거인 창세 전이고, 부르시고 의롭다 하심은 현재인 이 세상에서 일어나는 일이고, 영화롭게 되는 것은 장차인 천년 왕국에서 주어지는 것입니다.

영화로움이 천 년 동안 왕 노릇 하는 것입니다. 그러므로 성도들이 살아서 천 년 동안 왕 노릇 하는 천년 왕국은 이 땅에서 예수 그리스도로 인하여 목 베임을 당한 자들에게 주어지는 안식의 세계인 것입니다. 엿새 동안 일한 자에게 일곱째 날의 안식을 주시는 것입니다. 7일 창조가 역사 속의 창조이므로 엿새 동안 역사 속에서 일하였으면 일곱째 날에 안식하는 날도 있어야 하는 것입니다. 천년 왕국은 수고하심의 유업으로 주어지는 것입니다. 그러므로 천년 왕국은 역사 속에 반드시 있어야 하는 것입니다.

데살로니가후서 1장 5-10절을 보십시다.

"5이는 하나님의 공의로운 심판의 표요 너희로 하여금 하나님의 나
라에 합당한 자로 여기심을 얻게 하려 함이니 그 나라를 위하여 너
희가 또한 고난을 받으리니 6너희로 환난 받게 하는 자들에게는 환난
으로 갚으시고 7환난 받는 너희에게는 우리와 함께 안식으로 갚으시
는 것이 하나님의 공의시니 주 예수께서 저의 능력의 천사들과 함께
하늘로부터 불꽃 중에 나타나실 때에 8하나님을 모르는 자들과 우리

주 예수의 복음을 복종치 않는 자들에게 형벌을 주시리니 [9]이런 자들이 주의 얼굴과 그의 힘의 영광을 떠나 영원한 멸망의 형벌을 받으리로다 [10]그날에 강림하사 그의 성도들에게서 영광을 얻으시고 모든 믿는 자에게서 기이히 여김을 얻으시리라(우리의 증거가 너희에게 믿어졌음이라)"

바울은 데살로니가에 있는 성도들에게 이렇게 편지를 합니다. 데살로니가에 있는 성도들은 바울이 전한 말씀을 그대로 믿었습니다. 바울이 데살로니가 지역에서 전한 복음은 예수 그리스도의 부활과 재림에 관한 것들입니다. 그러다 보니 어떤 이들은 거짓말이라고 조롱하면서 믿을 수 없다고 합니다.

이에 바울은 분명한 사실이라고 하면서 성도들을 위로합니다. 예수님은 분명히 오시므로 너희가 예수를 믿다가 조롱을 당하고 핍박을 당하더라도 낙심하지 말고 예수님의 재림을 기다리며 살라고 합니다. 때가 되어서 예수님이 재림하시면 환난 당한 너희들에게는 안식으로 갚아주시고, 너희로 하여금 환난을 당하게 한 자들에게는 환난으로 갚아주신다고 합니다.

그러므로 예수님의 재림으로 주어지는 천년 왕국은 이 땅에서 예수 그리스도를 믿음으로 살다가 고난당한 자들에게 위로와 보상으로 주어지는 성격이 있는 것입니다. 그래서 천국을 유업이라고 합니다.

이사야 57장 1-2절을 봅시다.

"[1]의인이 죽을지라도 마음에 두는 자가 없고 자비한 자들이 취하여 감을 입을지라도 그 의인은 화액 전에 취하여 감을 입은 것인 줄로 깨닫는 자가 없도다 [2]그는 평안에 들어갔나니 무릇 정로로 행하는 자는 자기들의 침상에서 편히 쉬느니라"

이사야는 의인의 죽음을 평안에 들어가는 것이라고 하였습니다. 침상에서 편히 쉬는 것이라고 합니다. 그래서 성도의 죽음은 안식이라고 하고 잠을 잔다고 하는 것입니다. 잠을 잔다고 하면 깨어남이 있습니다. 언제 깨어납니까?

예수님의 재림 때 천사들의 나팔 소리에 깨어납니다.

고린도전서 15장 51-54절을 봅시다.

"[51]보라 내가 너희에게 비밀을 말하노니 우리가 다 잠잘 것이 아니요 마지막 나팔에 순식간에 홀연히 다 변화하리니 [52]나팔 소리가 나매 죽은 자들이 썩지 아니할 것으로 다시 살고 우리도 변화하리라"

예수님이 재림을 하시면 몸을 바꿔 입게 됩니다. 흙에 속한 형상이 하늘에 속한 형상을 입게 됩니다. 죽은 자들이 썩지 아니하는 몸으로 살아나고 살아 있는 우리도 변화된 몸을 입게 됩니다. 그러니까 땅에서 살아가는 몸이 있고 하늘에서 살아가는 몸이 따로 있는 것입니다. 왜냐하면 하늘과 땅은 살아가는 원리가 다르기 때문입니다. 그래서 각각의 곳에서 살아갈 수 있는 몸을 주시는 것입니다. 변화된 몸으로 천 년 동안 왕 노릇 하는 영광을 주시는 것입니다.

예수님도 이 과정을 거치고 몸을 바꿔 입었습니다.

요한복음 10장 17-18절을 봅시다.

"[17]아버지께서 나를 사랑하시는 것은 내가 다시 목숨을 얻기 위하여 목숨을 버림이라 [18]이를 내게서 빼앗는 자가 있는 것이 아니라 내가 스스로 버리노라 나는 버릴 권세도 있고 다시 얻을 권세도 있으니 이 계명은 내 아버지에게서 받았노라 하시니라"

예수님은 나는 목숨을 취할 권세도 있고 버릴 권세도 있다고 하면서 내가 목숨을 다시 얻기 위하여 목숨을 버린다고 하셨습니다. 버리는 목숨은 땅에 속한 것이고 얻을 목숨은 하늘의 것입니다. 우리도 예수님처럼 흙에 속한 몸을 버리고 하늘에 속한 몸으로 입게 됩니다. 그래서 예수님이 재림을 하시면 우리는 변화된 몸으로 새 하늘과 새 땅에서 천 년 동안 왕 노릇하게 되는 것입니다. 이것은 믿음으로 살다간 성도들에게 주어지는 상급인 것입니다.

이 일을 구약 이스라엘을 통해서 예표적으로 보여주셨습니다. 하나님께서 아브라함에게 나타나셔서 "내가 너의 지극히 큰 상급"이라고 하셨습니다. 이는 하나님 나라를 유업으로 주시겠다는 뜻입니다. 아브라함이 유업으로 받은 나라는 하늘에 있는 한 성입니다. 이 일을 예수님이 오셔서 이루어 주셨습니다.

마태복음 27장 50-54절을 봅시다.

"[50]예수께서 다시 크게 소리 지르시고 영혼이 떠나시다 [51]이에 성소
휘장이 위로부터 아래까지 찢어져 둘이 되고 땅이 진동하며 바위가
터지고 [52]무덤들이 열리며 자던 성도의 몸이 많이 일어나되 [53]예수의
부활 후에 저희가 무덤에서 나와서 거룩한 성에 들어가 많은 사람에
게 보이니라 [54]백부장과 및 함께 예수를 지키던 자들이 지진과 그 되
는 일들을 보고 심히 두려워하여 가로되 이는 진실로 하나님의 아들
이었도다 하더라"

예수님이 십자가에서 죽으십니다. 그러자 성소와 지성소를 가로 막고 있던 휘장이 위로부터 아래로 찢어집니다. 이것은 하늘 문이 활짝 열린 것과 같습니다. 휘장이 찢어지고, 땅이 진동하고, 바위가 터지고, 무덤이 열립니다. 자던 성도들의 몸이 많이 일어납니다.

그리고 예수님이 부활하신 후에 저희가 무덤에서 나와서 거룩한 성으로 들어갑니다. 이것은 구약 이스라엘의 구원 사건을 보여주고 있습니다. 구약의 이스라엘은 아브라함의 후손들입니다. 하나님께서 아브라함에게 주시겠다고 하신 상급이 무엇입니까? 하나님 나라입니다. 하나님이 갈대아 우르에 있는 아브라함을 찾아가십니다. 그리고 내가 지시하는 땅으로 가라고 하십니다. 이에 아브라함이 말씀

을 좇아서 마침내 가나안 땅에 들어갑니다.

히브리서 11장 9-16절을 봅시다.

"[9]믿음으로 그가 외방에 있는 것같이 약속하신 땅에 우거하여 동일 한 약속을 유업으로 함께 받은 이삭과 야곱으로 더불어 장막에 거하였으니 [10]이는 그가 하나님의 경영하시고 지으실 터가 있는 성을 바랐음이라……[13]이 사람들은 다 믿음을 따라 죽었으며 약속을 받지 못하였으되 그것들을 멀리서 보고 환영하며 또 땅에서는 외국인과 나그네로라 증거하였으니 [14]이같이 말하는 자들은 본향 찾는 것을 나타냄이라 [15]저희가 나온 바 본향을 생각하였더면 돌아갈 기회가 있었으려니와 [16]저희가 이제는 더 나은 본향을 사모하니 곧 하늘에 있는 것이라 그러므로 하나님이 저희 하나님이라 일컬음 받으심을 부끄러워 아니하시고 저희를 위하여 한 성을 예비하셨느니라"

하나님이 아브라함에게 하늘을 보라고 하십니다. 아브라함이 하늘을 보니까 거기에 한 성이 있는 것입니다. 아브라함은 하늘에 있는 한 성을 보고 난 후 가나안 땅에서 나그네와 외국인으로 살아갑니다. 그것이 장막생활로 나타났습니다. 아브라함은 자식들에게 우리가 가야 하는 곳은 하늘에 있는 성이라고 알려줍니다. 그래서 아브라함은 가나안 땅에 살면서도 정착민으로 살지 않고 떠나야 하는 객으로 살게 됩니다.

아브라함은 거부이면서도 가나안 땅을 자기 소유로 만들지 않았습니다. 다만 값을 주고 산 것은 가족들을 장사지내는 막벨라 굴 무덤입니다. 그래서 구약에서는 언약의 후손이 죽으면 열조로 돌아간다고 합니다.

열조란 조상을 말합니다. 아브라함이 이스라엘의 열조이기에 아브라함의 품으로 간다고 합니다. 아브라함의 품에서 예수님이 오시기를 기다린 것입니다. 예수님이 오셔야 죄 사함을 받을 수 있기 때문입니다.

구약은 그림자이고 신약은 실상입니다.

구약 이스라엘은 그림자이고 신약의 교회가 실상입니다.

구약은 육이고 신약이 영입니다. 육이 영 안에서 완성이 되어집니다.

그래서 '율법은 장차 오는 좋은 일의 그림자' 라고 하는 것입니다.

구약 시대엔 짐승의 제사로 죄 사함을 받았습니다. 그러나 짐승의 제사는 장차 오는 참 제사를 보여주는 그림자이므로 온전하게 죄 사함을 주는 것이 아닙니다.

히브리서 10장 1-7절을 봅시다.

"1율법은 장차 오는 좋은 일의 그림자요 참 형상이 아니므로 해마다
늘 드리는 바 같은 제사로는 나아오는 자들을 언제든지 온전케 할

수 없느니라 [2]그렇지 아니하면 섬기는 자들이 단번에 정결케 되어 다
시 죄를 깨닫는 일이 없으리니 어찌 드리는 일을 그치지 아니하였으
리요 [3]그러나 이 제사들은 해마다 죄를 생각하게 하는 것이 있나니
[4]이는 황소와 염소의 피가 능히 죄를 없이 하지 못함이라 [5]그러므로
세상에 임하실 때에 가라사대 하나님이 제사와 예물을 원치 아니하
시고 오직 나를 위하여 한 몸을 예비하셨도다 [6]전체로 번제함과 속
죄제는 기뻐하지 아니하시나니 [7]이에 내가 말하기를 하나님이여 보시
옵소서 두루마리 책에 나를 가리켜 기록한 것과 같이 하나님의 뜻을
행하러 왔나이다 하시니라"

율법은 장차 오는 좋은 일의 그림자입니다. 무슨 말이냐 하면 율법으로 드려지는 제사는 장차 참 제사를 보여주는 그림자라는 뜻입니다. 참 제사는 한 몸이 와서 제물로 죽어주는 것입니다. 그러므로 율법으로 드려지는 짐승의 제사는 온전한 제사가 아니고 죄를 깨닫게 해 주는 제사인 것입니다. 짐승의 제사를 드리면서 죄를 깨달아야 합니다. 이 죄는 장차 이 짐승의 실상이신 한 몸으로 오시는 분이 드려주어야 되는 것을 아는 것입니다. 이에 하나님은 자기 백성에게 제사보다 긍휼을 배우라고 하시는 것입니다.

때가 되어서 예수님이 오셨습니다. 세례 요한이 외칩니다. '보라 세상 죄를 지고 가는 하나님의 어린 양이라'고 합니다. 이 예수가 바로 하나님이 자기 백성들의 죄사함을 위하여 보내시기로 약속을 하신 그 양의 실체라고 하는 것입니다. 그래서 예수님이 아버지에게

"아버지여 보시옵소서. 두루마리 책에 기록한 대로 내가 와서 내 백성들의 죄를 위하여 대신 죽으니 내 백성들의 죄를 사해 주시옵소서"라고 하시는 것입니다. 두루마리 책에 기록한 대로 오셨다는 것은 창세 전 언약대로 오셨다는 뜻입니다.

창세 전 언약은 그리스도의 피로 자기 백성들이 죄 사함을 받아서 하나님의 아들들이 되어서 하나님 나라에서 세세토록 그의 은혜의 영광을 찬미하면서 살아가는 것입니다. 구약 이스라엘도 창세 전 언약에 근거하여 구원을 받습니다.

그래서 구약 이스라엘은 언약의 후손인 예수 그리스도가 오실 때까지 무덤 속에서 기다리고 있었던 것입니다. 그 무덤은 예수님이 오셔서 십자가에 죽어야 열립니다. 그래서 예수님이 아브라함도 내 때를 보고 즐거워하였다고 말씀하신 것입니다. 예수님이 오셔서 이전에 아브라함에게 약속하고 보여주셨던 하늘에 있는 '그' 성으로 데리고 가신 것입니다.

그래서 예수님이 부활하신 후에 구약의 잠자던 성도들이 살아나서 예수님과 함께 거룩한 성으로 들어갔다고 하는 것입니다. 구약 이스라엘이 들어간 거룩한 성을 요한계시록 21장에서는 예수님이 재림하실 때 몰고 오는 새 하늘과 새 땅이라고 합니다.

하나님은 구약 이스라엘을 가지고 시청각 교재로 사용하신 것입니다. 예수 그리스도가 하늘에 있는 거룩한 성으로 데리고 가신다는 것을 구약의 성도들을 가지고 보여주신 것입니다.

히브리서 11장에서는 이들을 일컬어 약속만 받고 증거는 받지 못하고 믿음으로 살다 간 성도들이라고 합니다. 이들을 하늘에 있는 구름같이 둘러싼 허다한 증인들이라고 합니다. 그 첫째 증인을 예수 그리스도라고 합니다.

구약 이스라엘은 예수 그리스도의 삶을 선취적으로 살았습니다. 이것을 약속을 받았다고 하는 것입니다. 약속은 실체가 와야 받게 됩니다. 그 실체가 바로 예수 그리스도입니다. 그러므로 구약 이스라엘도 예수 그리스도에 의하여 무덤에서 나와서 하늘나라로 가게 되는 것입니다.

예수님이 하늘에 있는 한 성의 문을 열어주신 것입니다. 그래서 성소의 휘장이 위에서부터 아래로 찢어진 것입니다. 즉 예수님이 하늘 가는 길을 열어주신 것입니다. 그래서 히브리서 기자는 예수님께서 자기 육체로 새롭고 산 길을 만드셨다고 말씀합니다.

이를 예수님께서 증거해 주셨습니다.

"나는 곧 길이요 진리요 생명이요."
"누구든지 나로 말미암지 않고서는 아버지께로 갈 수가 없느니라."

이 말은 아버지는 예수를 통해서 만나 주신다는 뜻입니다. 예수님이 언약의 후손들을 아버지에게로 인솔해 가시는 것입니다. 그래서 구약의 성도들이 예수님이 올 때까지 무덤에서 기다리다가 예수님이 오시자 '야호!' 환호하면서 무덤에서 나와서 예수님의 손에 이끌려 아버지께 나아가게 된 것입니다. 이들은 지금 천상에 가 있는 것입니다.

요한계시록 6장을 봅시다.

"[9]다섯째 인을 떼실 때에 내가 보니 하나님의 말씀과 저희의 가진 증거를 인하여 죽임을 당한 영혼들이 제단 아래 있어 [10]큰 소리로 불러 가로되 거룩하고 참되신 대주재여 땅에 거하는 자들을 심판하여 우리 피를 신원하여 주지 아니하시기를 어느 때까지 하시려나이까 하니 [11]각각 저희에게 흰 두루마기를 주시며 가라사대 아직 잠시 동안 쉬되 저희 동무 종들과 형제들도 자기처럼 죽임을 받아 그 수가 차기까지 하라 하시더라"(계 6:9-11).

사도 요한이 보니까 하늘에 하나님의 말씀과 저희의 가진 증거를 인하여 죽임을 당한 영혼들이 제단 아래서 하나님께 탄원을 하고 있는 겁니다. 무슨 탄원인가 보니까 자기들의 원수를 갚아 달라는 것입니다. 이들은 누구이며 이들의 원수는 또 누구인가요? 이들은 구약의 성도들이며 이들의 원수는 마귀의 세력입니다. 그러자 하나님이 흰 두루마기를 입혀 주시면서 잠시 기다리라고 하십니다. 그 이유는 저 아래에 너희들처럼 하나님의 말씀과 예수의 증거를 인하여 죽임을 당하여야 하는 동무들이 있기 때문이라고 합니다.

무슨 말인가요? 신약의 성도들도 구약의 성도들처럼 예수님이 오실 때까지 기다려야 한다는 것입니다. 구약의 성도들도 예수님에 의해서 아버지에게로 인도되어 갔듯이 신약의 성도들도 예수님에 의해서 아버지에게 인도되어 가는 것입니다. 그래서 구약의 성도들이 제단 아래서 기다리고 있다고 하는 것입니다. 아직 어린 양의 혼인잔치 기약이 남아 있기 때문입니다. 어린 양의 혼인 잔치는 예수님이 재림하시면 일어납니다. 그래서 하나님이 예수님의 재림 때까지 구약의 성도들은 제단 아래서 흰 옷을 입고 쉬라고 하신 것입니다. 장차 예수님이 재림하실 때 흰 옷 입은 무리들이 따라오는데 이들이 바로 구약의 성도들인 것입니다. 예수님이 재림하시기 전까지 예수를 믿다가 죽임 당한 성도들입니다.

그러니까 예수님의 초림은 구약의 성도들을 하늘에 있는 거룩한 성으로 데리고 가신 것입니다. 예수님의 재림은 신약의 성도들을 하늘에 있는 거룩한 성으로 데리고 가시는 것입니다. 이것은 구약의 구원이 따로 있고 신약의 구원이 따로 있다는 것이 아닙니다.

예수님이 재림하실 때 앞서간 모든 성도들을 데리고 오십니다. 여기에 구약의 성도도 있고 신약 시대 성도들도 있습니다. 예수님이 재림하시면 이들과 이 땅에 살아 있는 성도들이 공중에서 만나게 됩니다. 그리하여 천 년 동안 왕 노릇하게 되는 것입니다. 이것을 천년왕국 어린 양의 혼인잔치라고 합니다.

천국이 뭔가요? 이 땅에서 예수 때문에 고난당하면서 살아온 성도들에게 주어지는 상이고 유업인 것입니다. 그래서 천국에서 하나님이 우리의 눈물을 닦아 주신다고 하는 것입니다. 성도에게는 천년왕국 이야기가 세상을 이기게 하는 소망과 위로가 되는 말씀입니다. 그래서 바울은 데살로니가교회 성도들에게 예수님의 재림을 소망삼고서 서로 위로하라고 하였던 것입니다.

4

예수님의 비유로 본 천년 왕국

천년 왕국이 왜 사실로 나타나야 하는지 예수님의 비유를 통해서 살펴봅시다.

누가복음 19장 11-27절을 봅시다.

"11저희가 이 말씀을 듣고 있을 때에 비유를 더하여 말씀하시니 이는
자기가 예루살렘에 가까이 오셨고 저희는 하나님의 나라가 당장에
나타날 줄로 생각함이러라 12가라사대 어떤 귀인이 왕위를 받아 가지
고 오려고 먼 나라로 갈 때에 13그 종 열을 불러 은 열 므나를 주며
이르되 내가 돌아오기까지 장사하라 하니라 14그런데 그 백성이 저를
미워하여 사자를 뒤로 보내어 가로되 우리는 이 사람이 우리의 왕
됨을 원치 아니하노이다 하였더라 15귀인이 왕위를 받아 가지고 돌아
와서 은 준 종들의 각각 어떻게 장사한 것을 알고자 하여 저희를 부
르니 16그 첫째가 나아와 가로되 주여 주의 한 므나로 열 므나를 남
겼나이다 17주인이 이르되 잘하였다 착한 종이여 네가 지극히 작은

것에 충성하였으니 열 고을 권세를 차지하라 하고 [18]그 둘째가 와서
가로되 주여 주의 한 므나로 다섯 므나를 만들었나이다 [19]주인이 그
에게도 이르되 너도 다섯 고을을 차지하라 하고 [20]또 한 사람이 와서
가로되 주여 보소서 주의 한 므나가 여기 있나이다 내가 수건으로
싸 두었었나이다 [21]이는 당신이 엄한 사람인 것을 내가 무서워함이라
당신은 두지 않은 것을 취하고 심지 않은 것을 거두나이다 [22]주인이
이르되 악한 종아 내가 네 말로 너를 판단하노니 너는 내가 두지 않
은 것을 취하고 심지 않은 것을 거두는 엄한 사람인 줄을 알았느냐
[23]그러면 어찌하여 내 은을 은행에 두지 아니하였느냐 그리하였으면
내가 와서 그 변리까지 찾았으리라 하고 [24]곁에 섰는 자들에게 이르
되 그 한 므나를 빼앗아 열 므나 있는 자에게 주라 하니 [25]저희가 가
로되 주여 저에게 이미 열 므나가 있나이다 [26]주인이 가로되 내가 너
희에게 말하노니 무릇 있는 자는 받겠고 없는 자는 그 있는 것도 빼
앗기리라 [27]그리고 나의 왕 됨을 원치 아니하던 저 원수들을 이리로
끌어다가 내 앞에서 죽이라 하였느니라”

예수님께서 장차 도래할 하나님 나라를 므나 비유로 말씀하십니다. 예수님은 실제 이야기를 쉽게 설명하시기 위하여 비유로 이야기하시는 것입니다. 그러니 비유가 아니라 실제 이야기입니다.

어떤 귀인이 왕위를 받으러 먼 나라로 길을 떠나면서 자기 종들에게 각각 한 므나를 주면서 장사를 하라고 하였습니다. 그러자 종들이 열심히 장사를 합니다. 어떤 종은 열 므나를 남기고, 어떤 종

은 다섯 므나를 남겼습니다. 하지만 어떤 종은 주인의 말을 무시하고 장사하지 않고 빈둥거리고 놀았습니다.

귀인이 왕위를 받고서 돌아옵니다. 그러자 종들이 그동안 장사하여서 이문을 남긴 것을 내어놓습니다. 어떤 종은 열 므나를 남겼고, 어떤 종은 다섯 므나를 남겼습니다. 그러자 왕위를 받아온 주인이 열 므나를 남긴 종에게는 열 고을을 다스리라고 하고, 다섯 므나를 남긴 종은 다섯 고을을 다스리라고 합니다.

그런데 어떤 종은 주인의 명을 어기고 한 므나로 장사하지 않고 수건에 싸두었다가 주인 앞에 하나를 내어놓습니다. 그러자 주인이 화를 내면서 이놈은 내 원수로서 내가 왕이 되는 것을 원치 않는 자라고 하면서 죽이라고 합니다.

왜 므나를 수건에 싸둔 것을 주인의 왕 됨을 원하지 않는 원수라고 합니까? 이는 주인이 왕위를 받아 온다는 것을 농담으로 여겼다는 뜻입니다. 악한 종은 그동안 주인 아래서 종 노릇 하면서 주인을 눈여겨보아 왔는데 아무리 봐도 왕의 재목이 아니라는 것입니다.

이는 마치 빌라도가 예수님을 유대인의 왕이라고 하자 유대인들이 우리의 왕은 가이사라고 하면서 우리는 저를 왕으로 인정할 수 없다고 빌라도에게 유대인의 왕이라는 패를 치워달라고 한 것과 같습니다. 유대인들은 예수님이 하나님의 아들이심을 인정하지 않았습니다. 당연히 예수님이 다시 오신다는 것도 믿지 않았습니다. 그러니까 악한 종은 유대인들처럼 주인이 왕위를 받아 온다는 것을 믿지 않은 것입니다. 주인의 말을 농담으로 여긴 겁니다. 이것은 마치

이 시대 진보주의자들이 예수님의 재림과 세상의 종말을 부정하는 것과도 같습니다.

이 비유는 예수님이 십자가에 죽으시고 부활하신 후 승천하셨다가 장차 재림하실 것을 말해 주고 있습니다. 예수님이 부활하시고 승천하신 것은 하나님으로부터 왕위를 받으러 가신 것입니다. 이제 예수님께서 하나님으로부터 만왕의 왕이라는 작위를 받아서 오실 때가 되었습니다.

예수님이 오시면 천년 왕국이 이루어지게 되는 것입니다.

예수님의 재림은 실제적인 사건입니다. 이제 곧 예수님이 재림하셔서 자기 종들에게 어떤 이에게는 열 고을 권세를 주시고, 어떤 이에게는 다섯 고을 권세를 주실 것입니다. 그리고 게으르고 악한 종은 심판하실 것입니다. 이는 실제로 일어날 사건입니다. 영적인 일이 아닙니다. 예수님이 제자들에게 하신 말씀을 들어보세요.

누가복음 22장 28-30절을 보십시오.

"[28]너희는 나의 모든 시험 중에 항상 나와 함께한 자들인즉 [29]내 아버지께서 나라를 내게 맡기신 것같이 나도 너희에게 맡겨 [30]너희로 내 나라에 있어 내 상에서 먹고 마시며 또는 보좌에 앉아 이스라엘 열두 지파를 다스리게 하려 하노라"

너희는 나 때문에 모든 시험 중에 함께한 자들이므로, 아버지가 예수님에게 나라를 맡기신 것과 같이 예수님이 그 나라를 제자들에게 맡겨서 보좌에 앉아 이스라엘의 열두 지파를 다스리게 될 것이라고 하셨습니다. 잘 보시면, 아버지가 나라를 예수님에게 맡긴 것같이 예수님도 제자들에게 나라를 맡기겠다고 하십니다. 예수님은 이 땅에서 종으로 사셨습니다. 죽기까지 아버지의 뜻에 복종하셨습니다. 그러자 하나님이 예수님을 부활하게 하셔서 만유의 주가 되게 하셨습니다.

예수님이 재림하실 때에는 종이 아니라 만왕의 왕으로 오십니다. 천년 왕국에서 만왕의 왕이 되어서 다스리십니다. 예수님은 제자들에게 너희들도 나와 함께 모든 시험을 받았기 때문에 아버지가 나에게 만왕의 왕이 되어서 다스리게 하셨듯이, 나도 너희에게 내 나라에서 다스리는 권세를 주겠다고 하십니다.

이는 왕과 같은 영광을 누리게 된다는 뜻입니다. 그래서 천 년 동안 왕 노릇 한다는 것입니다. 이는 비유가 아니고 실제입니다. 영적이 아니고 실제입니다. 장차 주어질 것을 말씀하고 있는 것입니다.

우리 생각으로 이해되지 않는다고 해서 영적이라고 하지 말고 실제로 믿어야 합니다. 우리는 예수님의 재림을 실제적인 사건으로 보면서도 종들이 열 고을을 다스리고 다섯 고을을 다스리는 것은 실제로 보지 않고 영적으로 봅니다. 아니 영적이 아니고 사실 그대로 믿어야 합니다.

같은 비유에서 어떤 부분은 실제적인 사건으로 보고, 어떤 부분은 영적으로 보는 것은 온당한 해석법이 아닙니다. 그런데도 우리는 우리 입맛에 맞도록 같은 비유를 가지고도 어떤 부분은 실제로 해석하고, 어떤 부분은 영적으로 해석하는 짜집기식 해석을 해 왔습니다.

왜 그랬습니까? 우리의 이성으로 이해가 되지 않기 때문입니다. 그래서 우리는 이해가 불가한 것은 모두 상징이나 영적으로 해석해 왔습니다. 영적이라는 말을 전가의 보도처럼 사용하고 있습니다. 지금도 그러합니다.

그러면 묻지 아니할 수가 없습니다. 과연 므나 비유는 예수님이 실재하지 않는 것을 영적으로 이해시키기 위하여 하신 말씀일까요? 아니면 예수님은 분명하게 실재하는 것을 말씀하셨는데, 우리가 이해하지 못하여서 상징적으로 또는 영적으로 이해해 왔을까요? 곰곰이 생각해 보아야 합니다.

5
창세 전 언약이라는 대하(大河) 드라마

예수님은, 모든 성경은 자신에 대하여 말해 주고 있다고 말씀하셨습니다.

> "너희가 성경에서 영생을 얻는 줄 생각하고 성경을 상고하거니와 이 성경이 곧 내게 대하여 증거하는 것이로다"(요 5:39).

> "이에 모세와 및 모든 선지자의 글로 시작하여 모든 성경에 쓴 바 자기에 관한 것을 자세히 설명하시니라"(눅 24:27).

왜 모든 성경이 예수님에 대하여 말씀해 주고 있다고 하는가요? 이는 예수님이 창세 전 언약을 이루실 주인공이기 때문입니다. 창세기부터 요한계시록까지 모두 다 예수님께서 역사 속에서 자기 백성들을 구원하는 이야기입니다. 그러면 창세기 1장 1절에서 요한계시록 22장 21절까지 모두 예수 그리스도의 이야기로 해석해야 합니다.

특히 요한계시록은 시작하면서 이것은 "예수 그리스도에 대한 계시"라고 말씀합니다. 이 말은 요한계시록의 모든 내용은 예수 그리스도께서 역사 속에서 하시는 일들을 이야기하고 있다는 뜻입니다. 그래서 "반드시 속히 될 일"이라고 합니다.

예수님이 누구신가요? 육신을 입고 역사 속에 오신 하나님이십니다. 세상 바깥 창조 세계에서 생명의 말씀으로 계시던 하나님이 왜 육신을 입고 피조 세계인 이 역사 속에 오셨을까요? 이는 아버지의 뜻을 행하러 오셨습니다.

아버지의 뜻이 무엇인지 살펴봅시다.

요한복음 6장 38-40절을 보십시다.

"38내가 하늘로서 내려온 것은 내 뜻을 행하려 함이 아니요 39나를
보내신 이의 뜻을 행하려 함이니라 나를 보내신 이의 뜻은 내게 주
신 자 중에 내가 하나도 잃어버리지 아니하고 마지막 날에 다시 살리
는 이것이니라 40내 아버지의 뜻은 아들을 보고 믿는 자마다 영생을
얻는 이것이니 마지막 날에 내가 이를 다시 살리리라 하시니라"

아버지가 그 아들을 이 세상에 보내셨습니다. 왜 보내셨을까요? 이에 대하여 예수님은 친히 말씀하시기를, 아버지께서 주신 자들을 마지막 날에 살리는 것이라고 하였습니다.

마지막이란 이 세상 끝을 말합니다. 세상 끝 날에 다 살려내신다는 뜻입니다. 예수님이 재림하시는 그날에 죽은 자들이 다 살아납니

다. 그래서 예수님은 살려주는 영으로 오신 것입니다. 아버지께서 예수님에게 생명을 주어서 자기 백성들에게 공급해 주라고 하셨습니다. 그래서 상징적으로 예수님이 짐승의 구유에 태어나신 것입니다.

짐승의 구유에 태어나신 것은 짐승들의 밥이란 뜻입니다. 성경은 죄인을 짐승이라고 합니다. 아담 안에서 태어난 인간은 사람이 아니고 짐승이에요. 사람은 오직 예수님뿐입니다. 그래서 하나님이 사람을 짐승의 밥으로 주신 것입니다. 그 이유는 짐승이 사람을 먹으면 사람이 그 짐승을 삼켜 버리기 때문입니다. 이럴 때 짐승이 사람이 되는 것입니다.

이건 마치 우리가 밥을 먹으면 밥이 우리로 살게 하는 것과 같습니다. 우리는 밥 힘으로 살아요. 밥은 우리로 살게 하는 생명입니다. 예수님이 우리의 밥이고 생명인 것입니다. 그래서 예수님은 나는 '하늘로 내려온 산 떡'이라고 하였습니다. 누구든지 나를 먹는 자는 영생한다고 하셨습니다. 하나님의 아들을 밥으로 먹은 자는 하나님의 아들이 되는 것입니다.

예수라는 이름의 뜻이 무엇입니까? '자기 백성을 저희 죄에서 구원하실 자'라는 뜻입니다. 예수라는 이름이 담고 있는 뜻으로 보면 '자기 백성들이 죄 아래 있다'는 뜻입니다. 하나님은 죄 아래 있는 자를 '죽은 자'라고 하십니다.

죽은 자들을 어떻게 살리는가 하면 예수님의 죽음으로 살려내십니다. 그래서 예수님의 죽음을 자기 백성들의 죄 사함을 위한 대속의 죽음이라고 합니다. 하나님은 예수님의 죽음으로 살아난 자들을 하나님의 아들들이라고 하십니다.

하나님께서 이런 일을 하시기로 작정하신 것을 언약이라고 합니다. 이 작정은 만물이 만들어지기 전에 하셨습니다. 그래서 창세 전 언약이라고 합니다. 만물은 창세 전 언약을 위하여 만들어졌습니다. 창세 전 언약이 만물 속에서 이루어진다는 뜻입니다.

그래서 창세기 1장 1절에 "태초에 하나님이 천지를 창조하시니라"라고 하십니다. 이는 하나님이 피조 세계에 들어오셨다는 뜻입니다. 왜 창조 세계에 계시던 하나님이 피조 세계에 들어오셨을까요? 창세 전에 하신 언약을 위해서입니다.

창조 세계에서 피조 세계로 들어오신 하나님이 누구십니까? 말씀이 육신이 되어 오신 예수 그리스도이십니다. 예수님이 창세 전에 하신 언약을 이루어가신다는 뜻입니다. 그래서 역사 속에 오신 예수님은 언약을 위하여 사신 것입니다. 이것을 예수님은 마귀로부터 시험을 받을 때 사람이 떡으로 사는 것이 아니라 하나님의 말씀을 위하여 산다고 하신 것입니다.

예수님의 존재 목적이 언약이에요. 우리의 존재 목적도 언약입니다. 언약이 우리를 존재케 하였기 때문입니다. 그래서 예수님이 '무엇을 먹을까 무엇을 마실까 무엇을 입을까를 구하지 말고 그의 나라와 그의 의를 구하라'고 하신 것입니다. 그 나라에서 들어갈 수 있는 의가 바로 예수 그리스도를 믿는 믿음인 것입니다. 그래서 믿음으로 살라고 하는 것입니다.

내가 사는 것보다 믿음이 먼저예요.

삶의 순서를 바꾸지 마세요.

이게 바뀌면 불경입니다.

6
두 태초

성경에는 두 태초(太初)가 있습니다.

"태초에 말씀이 계시니라 이 말씀이 하나님과 함께 계셨으니 이 말씀은 곧 하나님이시니라 그가 태초에 하나님과 함께 계셨고 만물이 그로 말미암아 지은 바 되었으니 지은 것이 하나도 그가 없이는 된 것이 없느니라"(요 1:1–3).

"태초에 하나님이 천지를 창조하시니라"(창 1:1).

요한복음은 '하늘의 태초'이고, 창세기는 '세상의 태초'입니다. 요한복음과 창세기의 태초는 성격이 다른 태초입니다. 요한복음이 말하는 태초는 이 세상이 만들어지기 전을 말합니다. 하나님이 계시는 나라를 태초라고 합니다. 이를 창세 전이라고 합니다. 이는 역사 바깥에 있는 하나님 나라를 말합니다.

이 세상 바깥에 계시던 하나님이 역사 속으로 들어오신 것이 창세기 1장 1절의 태초입니다. 창세기가 말하는 태초는 이 세상의 시작을 말하는 태초입니다. '기원의 시작'을 말합니다. 요한복음 1장 1절의 태초에 계시던 하나님이 창세기 1장 1절의 태초를 만드신 것입니다. 창조는 원인에 의한 결과물입니다. 하나님이 천지를 만드신 것은 어떤 원인이 있다는 뜻입니다. 그 원인이 바로 창세 전 언약입니다.

골로새서 1장을 봅시다.

"만물이 그에게 창조되되 하늘과 땅에서 보이는 것들과 보이지 않는 것들과 혹은 보좌들이나 주관들이나 정사들이나 권세들이나 만물이 다 그로 말미암고 그를 위하여 창조되었고 또한 그가 만물보다 먼저 계시고 만물이 그 안에 함께 섰느니라"(골 1:16–17).

만물이 그에게서 창조가 되었다고 합니다. 여기서 그란 예수님을 말합니다. 그가 왜 만물을 만드셨을까요? '그를 위해서'라고 합니다.

이 말은 만물이 예수님을 위해서 존재한다는 뜻입니다. 왜냐하면 예수님의 필요에 의하여 만들어졌기 때문입니다. 예수님이 만물의 주인입니다. 만물을 가지고 창세 전 언약을 펼쳐 가시는 것입니다. 이 세상은 창세 전 언약이 펼쳐지는 무대인 것입니다.

그러면 창세 전 언약이 무엇인지를 알아야 할 것입니다.

에베소서 1장 4-7절을 봅시다.

"[4]곧 창세 전에 그리스도 안에서 우리를 택하사 우리로 사랑 안에서 그 앞에 거룩하고 흠이 없게 하시려고 [5]그 기쁘신 뜻대로 우리를 예정하사 예수 그리스도로 말미암아 자기의 아들들이 되게 하셨으니 [6]이는 그의 사랑하시는 자 안에서 우리에게 거저 주시는 바 그의 은혜의 영광을 찬미하게 하려는 것이라 [7]우리가 그리스도 안에서 그의 은혜의 풍성함을 따라 그의 피로 말미암아 구속 곧 죄 사함을 받았으니"

"창세 전에"라고 합니다. 창세 전이라는 말은 요한복음 1장 1절의 태초를 말합니다. 하나님이 창세 전에 그리스도 안에서 '우리'라고 하는 '한 무리'를 택하셨습니다. 그런데 그 무리들이 죄 아래 있습니다. 이에 하나님이 죄 아래 있는 '우리'라고 하는 한 무리들을 그리스도의 피로 구속, 곧 죄 사함을 얻게 하십니다. 그리스도의 피로 구속받은 자들을 일컬어 창세 전에 어린양의 생명책에 녹명된 자들로서 하나님의 아들들이라고 합니다.

하나님은 그리스도의 피로 구속받은 자들을 하나님의 아들로 삼으십니다. 이를 택하신 족속이요 왕 같은 제사장들이요 거룩한 나라라고 합니다.

베드로전서 2장을 봅시다.

"오직 너희는 택하신 족속이요 왕 같은 제사장들이요 거룩한 나라요 그의 소유된 백성이니 이는 너희를 어두운 데서 불러내어 그의 기이한 빛에 들어가게 하신 자의 아름다운 덕을 선전하게 하려 하심이라" (벧전 2:9).

"그가 우리를 흑암의 권세에서 건져내사 그의 사랑의 아들의 나라로 옮기셨으니"(골 1:13).

하나님의 소유된 백성들이 어디에 있나요? 흑암입니다. 어두운 데서 불러내어 그의 기이한 빛에 들어가게 하셨다고 합니다. 흑암의 권세에서 건져내서 그의 사랑의 아들의 나라로 옮기셨다고 합니다. 이를 창세기 1장 2절에서는 흑암 속에서 빛을 불러내는 것으로 말해주고 있습니다.

흑암의 권세란 죄와 사망의 권세를 말합니다. 그러면 창세기의 창조 이야기는 예수님의 자기 백성의 구원 이야기인 것입니다. 그러므로 창세기나 골로새서나 베드로전서나 다 같은 이야기를 하고 있는 것입니다. 이렇게 하신 이유는 아름다운 덕을 선전하게 하려 하심이라고 합니다. 이를 그의 은혜의 영광을 찬미한다고 합니다. 이것이 창세 전 언약의 내용입니다.

베드로전서 1장을 봅시다.

"너희가 알거니와 너희 조상의 유전한 망령된 행실에서 구속된 것은 은이나 금같이 없어질 것으로 한 것이 아니요 오직 흠 없고 점 없는 어린양 같은 그리스도의 보배로운 피로 한 것이니라 그는 창세 전부터 미리 알리신 바 된 자나 이 말세에 너희를 위하여 나타내신 바 되었으니 너희는 저를 죽은 자 가운데서 살리시고 영광을 주신 하나님을 그리스도로 말미암아 믿는 자니 너희 믿음과 소망이 하나님께 있게 하셨느니라"(벧전 1:18-21).

베드로는 우리가 구원받은 것은 그리스도의 보배로운 피로 된 것이라고 말해주고 있습니다.

이것은 창세 전부터 미리 알리신 일인데 말세에 나타났다고 합니다.

예수님의 오심이 말세입니다. 왜 예수님의 오심이 말세이냐? 이는 예수님의 오심으로 세상이 바뀌게 되었기 때문입니다. 짐승의 피로 하나님 앞에 나아가던 것이 이제는 예수 그리스도의 피로 나아가야 하는 것으로 바뀌었습니다. 이것을 예수님은 새 술은 새 부대에 담는 것으로 말씀하셨습니다.

짐승의 피로 나아가는 것은 옛 언약이고, 예수 그리스도의 피로 나아가는 것은 새 언약입니다. 하나님은 창세 전에 그리스도의 피로 자기 백성들을 구원하기로 작정하였습니다. 그러므로 창세 전 언약은 아버지와 아들 간의 언약인 것입니다. 때가 되매 아버지께서 아들을 이 세상에 보내서 이루게 하신 것입니다. 그래서 예수님이, 내가 온 것은 아버지의 뜻을 행하러 왔다고 말씀하신 것입니다. 예수님이 창세 전 언약을 세상 속에서 이루어 가시는 것입니다.

이미 이루신 일도 있고, 현재 이루어가는 것도 있고, 장차 이루실 것도 있습니다. 그러면 창세기부터 요한계시록까지의 내용들은 과거에 이루어진 것도 있고, 현재 이루어져가는 것도 있고, 장차 이루어질 것도 있을 것입니다. 또한 모든 성경은 예수님이 역사 속에서 언약을 이루어가는 것을 증거하고 있으므로 요한계시록의 내용들도 역사 속에서 이루어져야 하는 것들이어야 합니다.

알다시피 천년 왕국은 예수님이 재림하신 후에 일어나는 일들을 말해 주고 있습니다. 천년 왕국은 태초에 말씀으로 계시던 하나님이 예수라는 이름으로 육신을 입고 이 세상에 오셔서 하나님의 아들로서 마지막 일을 행하시는 이야기입니다. 역사 속에서 하시는 일들입니다.

그것이 천년 왕국에서 벌어지는 어린양의 혼인잔치입니다. 그러면 천년 왕국에서 벌어지는 어린양의 혼인잔치는 피조 세계 바깥에서 일어나는 일이 아니고 피조 세계에서 일어나는 일이 되는 것입니다. 이 세상 속에서 일어나야 하는 것입니다. 왜냐하면 성경은 예수님이 역사 속에서 하시는 일을 증거하고 있기 때문입니다.

본문을 잘 따라가면, 예수님의 재림으로 이 세상이 끝나는 것이 아니라 새로운 시작임을 알 수 있습니다. 예수님이 재림을 하시면 성도들은 예수님이 몰고 오신 새 하늘과 새 땅에서 천 년 동안 그리스도와 더불어 왕 노릇 하게 됩니다. 이를 천년 왕국이라고 합니다.

우리는 흔히 예수님이 재림을 하시면 세상이 끝난다고 생각합니다. 신자들은 천국에 가고, 불신자들은 지옥으로 간다고 믿었습니다. 그동안 그렇게 배워왔습니다. 그러나 오늘 본문을 보면 그렇지 않음을 알 수 있습니다.

예수님이 재림하시면 사단은 결박을 당하고 일천 년 동안 무저갱에 가두어지고 인봉을 당하게 됩니다. 그리고 천 년 후에 영원한 천국과 영원한 지옥으로 갈라지는 것으로 되어 있습니다.

사단이 무저갱에 가두어져서 인봉이 된 천 년 동안은 하나님의 말씀과 예수의 증거로 인하여 목베임을 당한 자들과, 짐승과 그 우상에게 경배하지 않고 이마와 그 손에 표를 받지 않은 자들이 살아서 그리스도와 더불어 천 년 동안 왕 노릇을 하게 됩니다.

그러다가 천 년이 차면 사단을 잠시 풀어줘서 성도들과 싸우려 하다가 하나님이 하늘에서 불을 내려서 사단의 세력들을 소멸시키고 난 후 영원한 불 못에 집어넣는 것으로 되어 있습니다.

예수님이 재림하신 후 천 년 동안 있다가 그 후에 영원히 갈라지는 것으로 되어 있습니다. 우리는 그 천 년을 천년 왕국이라고 합니다.

오늘 본문은 아무리 눈을 크게 뜨고 보아도 우리가 그동안 배워 왔던 것과는 다릅니다. 예수님이 재림하시면 끝나는 것이 아니라 천 년 동안 왕 노릇 하다가 천 년 후에 끝이 나는 것으로 되어 있습니다.

천 년 후에 사단이 잠시 놓인다는 말은 천년 왕국이 영원한 천국이 아니라는 것입니다. 만약에 천년 왕국이 영원한 천국이라고 한다면 천 년 후에 사단이 잠시 놓여서 성도들과 싸움을 한다는 것은 천국에 가서도 마귀와 싸워야 한다는 것이 되는데 이건 언약적인 관점에서 맞지 않습니다.

마귀가 활동한다는 것은 죄인이 있다는 뜻입니다. 그러면 천국에도 죄인이 있다는 논리가 되는데, 이는 말이 되지 않습니다. 천국은 죄 없는 자들이 살아가는 곳이기 때문입니다. 그런데도 우리는 그동안 이렇게 말이 안 되는 것을 배워왔습니다. 엉터리 같은 논리인데도 따지지 못하고 그냥 덮어두었습니다. 영적이라고 얼버무린 것입니다. 그러면서 요한계시록을 잘못 다루면 이단이 되므로 너무 깊이 알려고 하지 말라고 하였습니다. 이는 성경을 보는 옳은 태도가 아닙니다.

우리는 왜 그동안 예수님이 재림하시면 끝이라고 배워왔을까요? 이는 성경을 창세 전 언약의 관점에서 보지 않고 단편적으로 보아왔기 때문입니다. 창세 전 언약의 관점에서 보면 오늘 본문은 그리 어려운 것이 아닙니다. 그러니 오늘은 우리가 그동안 알고 있던 고정관념을 버리고 빈 종이에 그림을 그린다는 생각으로 들으시기 바랍니다. 그러면 창세 전 언약이 그려내는 그림이 그려질 것입니다.

오늘 말씀을 다 듣고 난 후에, 그동안 그려온 천년 왕국의 그림과 오늘 들은 창세 전 언약의 관점에서 그린 천년 왕국의 그림과 비교해 보십시오. 어느 그림이 더 성경적이고 더 자연스러운 것인지 명쾌하게 구분이 될 것입니다. 말씀을 들으면서 그림을 그려보시기 바랍니다.

그래서 오늘 그린 그림이 틀렸다 싶으면 옛날 그림을 그대로 소유하시고, 만약에 오늘 그린 그림이 맞고 옛날 그림이 틀렸다 싶으면, 이제부터 오늘 그려진 창세 전 언약의 관점에서의 천년 왕국으로 이해하시기 바랍니다.

아마도 오늘 말씀을 다 듣고 나면 성경 전체 그림이 그려질 것입니다. '아~ 이것이 하나님이 역사 속에서 그리시고자 하신 그림이구나!' 하는 것을 깨닫게 될 것입니다.

천년 왕국이라는 것은 단편 주제 같지만 실상은 성경 전체를 이야기하고 있습니다. 성경의 시작과 끝이 천년 왕국 속에 다 담겨 있습니다. 성경이 반지라고 한다면 천년 왕국은 반지의 알맹이인 다이아몬드와 같습니다. 그만큼 우리에게 소망을 주고, 설레게 하고, 기쁘게 하고, 흥분케 하는 말씀이기 때문입니다. 천년 왕국이 믿어진다면 예수 믿을 맛이 날 것입니다. 살맛이 날 것입니다. 그 맛을 함께 누려 보았으면 합니다.

7
요한계시록 해석법

일설에 칼빈이 요한계시록 주석을 쓰지 않은 것은 천년 왕국을 해석하지 못해서라고 합니다. 이는 그만큼 해석하기가 어렵다는 뜻입니다. 해석하기가 어렵고 난해하기 때문에 역설적으로 여러 가지 학설이 난무하고 있는 것입니다. 교단에 따라서 배운 신학적인 교리가 다르고 서로가 보는 관점이 다르기에 목사님들마다 다양한 학설을 주장하게 되는 것입니다.

요한계시록 해석이 어려운 것은 장차 될 일을 상징으로 이야기하고 있가 때문입니다. 요한계시록은 장차 될 일입니다. 그런데 상징으로 말하고 있습니다. 왜 그러느냐 하면 자기 백성들만 알 수 있도록 비밀로 해 놓으셨기 때문입니다. 때가 되면 그 비밀들을 알려주실 것입니다. 성령께서 자기 백성들에게 상징을 장차 될 일로 해석하게 해 주실 것입니다. 때를 따라서 상징을 실제로 열어서 보여주실 것입니다.

언약은 점진적으로 이루어져 가기 때문에 때가 되면 다 열리게 되어 있습니다. 때가 되기 전에는 상징으로만 해석할 수밖에 없습니다. 그러나 때가 되면 상징에서 실제로 해석하게 하시는 것입니다. 요한계시록의 성격을 봅시다. 그 성격을 알면 요한계시록을 어떻게 해석해야 하는지를 알 수 있습니다.

요한계시록 1장 1-3, 19절과 22장 6-7절을 봅시다.

"예수 그리스도의 계시라 이는 하나님이 그에게 주사 '반드시 속히 될 일'을 그 종들에게 보이시려고 그 천사를 그 종 요한에게 보내어 지시하신 것이라 요한은 하나님의 말씀과 예수 그리스도의 증거 곧 자기의 본 것을 다 증거하였느니라 이 예언의 말씀을 읽는 자와 듣는 자들과 그 가운데 기록한 것을 지키는 자들이 복이 있나니 때가 가까움이라"(계 1:1–3).

"그러므로 네 본 것과 이제 있는 일과 '장차 될 일'을 기록하라"(계 1:19).

"또 그가 내게 말하기를 이 말은 신실하고 참된지라 주 곧 선지자들의 영의 하나님이 그의 종들에게 '결코 속히 될 일'을 보이시려고 그의 천사를 보내셨도다 보라 내가 속히 오리니 이 책의 예언의 말씀을 지키는 자가 복이 있으리라 하더라"(계 22:6–7).

사도 요한은 요한계시록을 시작하면서 이것은 "예수 그리스도의 계시다!"라고 못을 박습니다. 1절에서 이것은 "반드시 속히 될 일"이라고 합니다. 19절에서는 "장차 될 일"이라고 합니다. 22장 6절에서는 "결코 속히 될 일"이라고 합니다. 사도 요한은 하나님으로부터 '장차 될 일'에 관하여 보고 들었습니다. '반드시 속히 될 일'을 보았습니다. '결코 속히 될 일'을 보았습니다.

될 일이란 실제 사건으로 나타난다는 뜻입니다. 이것은 예수 그리스도가 역사 속에서 하실 일을 말해 주고 있는 것입니다. 예수님이 역사 속에서 하시는 일은 어디까지를 말하고 있나요?

사도 요한이 본 것까지입니다. 사도 요한은 자기가 본 것은 다 증거하였다고 합니다. 사도 요한은 천상의 세계를 보았습니다. 그러면 사도 요한이 보았던 천상의 세계까지가 피조된 세계라는 뜻입니다. 이렇게 되면 사도 요한이 보았던 천상의 세계가 영원한 나라를 예표하는 것일 수는 있어도 영원한 하나님 나라는 아닌 것입니다. 왜냐하면 예수님은 역사 속에서 창세 전 언약을 이루어가시는 하나님이기 때문입니다. 예수라는 이름으로서의 일을 역사 속에서만 행하시기 때문입니다. 역사 바깥에서는 말씀 하나님으로 계시는 분이기 때문입니다.

그러면 요한계시록 1장 1절에서 이것은 "예수 그리스도의 계시라"고 하였으므로 요한계시록에 있는 천상의 세계도 예수라는 이름으로서 행해야 하는 구역이 되는 것입니다. 역사 바깥인 태초의 영원한 하나님 나라에서는 예수라는 이름으로 계시지 않고 말씀 하나님으로 계시기 때문입니다.

예수님은 피조된 역사 세계에서 일을 하시는 분입니다. 그러면 사도 요한이 본 천상은 역사 속에 나타날 천국 이야기인 것입니다. 예수님이 역사 속에서 천국을 이루어주신다는 뜻입니다. 그래서 '장차 될 일'이라고 하고, '반드시 속히 될 일'이라고 합니다. '결코 속히 될 일'이라고 반복해서 강조하고 있는 것입니다. 이것은 반드시 실제적으로 일어나는 사건이라는 뜻입니다.

8
점진적 계시와 심층적 계시

'장차 될 일'이란 점진적으로 드러나게 된다는 뜻입니다. 그러므로 요한계시록의 내용은 역사 속에서 때를 따라서 점진적으로 심층적으로 상징이 실제화되면서 구체적 사건으로 나타나게 되는 것입니다. '반드시 속히 될 일'이고, '장차 될 일'이라고 하고, '결코 속히 될 일'이라고 하는 것입니다. 지금은 아니지만 장차 일어날 일이기 때문에 '예언의 말씀'이라고 합니다.

예언의 말씀이란 하나님의 말씀이라는 뜻도 있지만 장차 일어날 이야기라는 뜻입니다. 그러므로 이 이야기를 읽고 듣고 사실로 믿고 살아가는 사람은 하나님으로부터 복을 받은 사람이라는 것입니다. 이 말은 하나님으로부터 복을 받은 사람은 그대로 믿게 된다는 뜻입니다. 안 믿어지는 사람은 복을 받지 않은 사람이고, 믿어지는 사람은 복을 받은 사람입니다. 왜냐하면 하나님으로부터 복을 받은 성도에게는 천국이 비밀이 아니기 때문입니다.

복이란 하나님의 말씀이 들려지고 약속이 믿어지는 것입니다. 보게 해 주시니 보는 것이고, 듣게 해 주시니 듣는 것이고, 믿게 해 주시니 믿어지는 것입니다. 보고 듣고 믿는 것은 우리 실력이 아닙니다. 하나님께서 해 주시는 것입니다. 우리는 하나님으로부터 복을 받았습니다. 그래서 예수님께서도 말씀하시기를, 너희 눈은 봄으로 복이 있고, 너희 귀는 들음으로 복이 있다고 하신 것입니다.

요한계시록을 아시아의 일곱 교회에 주시면서도 성령이 교회들에게 하시는 말씀은 "귀 있는 자는 들으라"는 것입니다. 이것은 하나님으로부터 귀를 받은 자들에게 주어진 말씀이라는 것입니다. 그래서 예수님이 천국 비밀을 말씀하시면서 제자들에게 너희에게는 허락이 되었으나, 예수님을 배척하는 유대인들인 저희에게는 허락되지 않았다고 말씀하신 것입니다.

요한계시록은 각 장마다 '본다'는 이야기가 나옵니다. '본다'는 말은 하나님께서 보여주셨다는 뜻입니다. 하나님이 예수 그리스도를 통해서 창세 전에 하신 언약이 어떻게 역사 속에서 완성이 되는지를 사도 요한에게 다 보여주셨습니다. 그리고 하나님은 이 사실을 편지로 써서 지상에 있는 교회들에게 알려주라고 하셨습니다. 그래서 사도 요한은 자기가 보고 들은 것을 세상에 있는 교회들에게 알려준 것입니다.

사도 요한의 눈을 열어서 보게 하시고 귀를 열어서 듣게 하신 이가 하나님이십니다. 그러면 그 하나님이 세상에 있는 자기 백성들에게도 동일하게 보이게 하시고, 들리게 하시고, 믿어지게 하실 것입니다.

장차 될 일에 관한 이야기이므로 그때에 맞추어서 점점 더 계시를 명확하게 해 주실 것입니다. 그러므로 과거에 보지 못한 것을 지금은 볼 수 있는 것입니다. 우리가 흔히 신학의 발전이라고 하는데, 이 말은 성경의 계시가 점점 더 열려간다는 뜻입니다. 과거보다 지금이 더 웅숭깊은 해석들이 나타나는 것입니다.

지금이 '장차'라고 하는 '그때가 맞다'라고 한다면, 과거에 해석하지 못한 부분들을 이제는 '장차 될 일'이라고 하였으니 실제적으로 해석할 수 있게 되는 것입니다. 지금은 과거보다 성경이 훨씬 더 깊이 열려 있습니다. 영적 깊이가 상상할 수 없을 정도로 깊어졌습니다.

사도 요한이 이 편지를 쓰면서부터 장차입니다.

그것이 2000년을 지나왔습니다. 그런 면에서 아직도 '장차 될 일'로 남아 있습니다. 언젠가는 '장차'라는 '그날'이 도래할 것입니다. 왜냐하면 '장차 될 일'이고, '반드시 속히 될 일'이기 때문입니다. 장차가 되면 사건화되어서 공개가 될 것입니다. 그 장차가 언제이냐 하면 예수님의 재림 때입니다. 그러면 예수님의 재림 때가 가까워지면 비유와 상징이 현실로 나타나게 될 것입니다. 그동안 상징으로만 알았던 것들이 실제로 나타나게 될 것입니다.

이 편지가 쓰여질 당시는 2000년 전이었으므로 그때는 상징으로 보아야 합니다. 그때는 그 시대에 맞도록 영적인 것으로 이해할 수 있습니다. 그러나 장차인 그때가 되었음에도 상징이나 영적으로 보아서는 안 됩니다. 왜냐하면 '반드시 속히 될 일'이기 때문입니다.

지금은 2000년 전에 말한 '장차'라는 그때가 훨씬 더 가까이 왔기 때문입니다. 상징적인 것들이 실제화되어서 나타나기 시작하였습니다. 그러므로 이제는 상징으로 보아서는 안 되고 실제로 보아야 합니다. 영적 해석보다는 실제적 해석을 하여야 합니다.

성경은 언약의 책입니다. 언약은 과거와 현재와 미래라는 시간으로 흘러가는 역사 속에서 이루어집니다. 그러므로 창세 전 언약이 역사 속에서는 때와 기한에 따라서 점진적으로 드러나게 되어 있습니다. 희미하던 것이 시간이 가면서 확연하게 드러나게 되는 것입니다.

과거는 과거만큼 이루어졌고, 현재는 현재만큼 이루어지고 있으며, 장차는 장차만큼 이루어질 것입니다.

과거에는 과거만큼 계시가 열렸고, 현재는 현재만큼 열리고 있으며, 장차는 장차에 맞게 열리게 될 것입니다. 지금이 장차라는 그때와 가까우므로 과거보다는 더 많이 열리고 있는 것입니다. 그러므로 과거에는 보지 못하던 것들을 이제는 볼 수가 있게 되는 것입니다. 이는 지극히 자연스러운 것입니다. 마치 봄에 맺은 과실의 형체와 가을에 다 익은 과실의 형체가 다르듯이 말입니다.

봄에는 작은 씨에 불과합니다. 그러나 여름을 지나 가을이 되면 탐스러운 모습으로 열려 있게 됩니다. 언약도 마찬가지입니다. 처음에는 씨앗처럼 주어지고 시간이 흐르면서 점차 그 실체가 확연하게 드러나게 되는 것입니다.

9
아브라함 언약 속에 담긴 창세 전 언약

모든 언약의 근원은 창세 전 언약입니다. 에덴동산에서 주신 언약 속에도 창세 전 언약이 담겨져 있고, 노아 언약 속에도 창세 전 언약이 담겨져 있고, 아브라함 언약 속에도 창세 전 언약이 담겨져 있습니다. 그러면 아브라함 언약 속에 담겨진 창세 전 언약을 살펴 봅시다.

창세기 15장 13-17절 말씀을 봅시다.

"13여호와께서 아브람에게 이르시되 너는 정녕히 알라 네 자손이 이
방에서 객이 되어 그들을 섬기겠고 그들은 사백 년 동안 네 자손을
괴롭게 하리니 14그 섬기는 나라를 내가 징치할지며 그 후에 네 자손
이 큰 재물을 이끌고 나오리라 15너는 장수하다가 평안히 조상에게로
돌아가 장사될 것이요 16네 자손은 사 대만에 이 땅으로 돌아오리니
이는 아모리 족속의 죄악이 아직 관영치 아니함이니라 하시더니 17해
가 져서 어둘 때에 연기 나는 풀무가 보이며 타는 횃불이 쪼갠 고기

사이로 지나더라"

하나님이 아브람에게 언약을 하십니다. 언약의 내용은 후손과 땅에 관한 것입니다. 언약을 체결할 당시에는 아브라함에게 자식이 하나도 없을 때입니다. 그런데 하나님은 아브라함에게 네 후손이 하늘의 별과 같이 많아질 것이라고 하십니다. 이를 성경은 아브라함의 허리에 그 후손들이 있었다고 말해 주고 있습니다. 그리고 네 후손이 이방의 객이 되었다가 4대 만에 이 땅으로 돌아오게 될 것이라고 하십니다. 이 말은 언약이 한순간에 이루어지는 것이 아니라는 뜻입니다. 4대에 걸쳐서 이루어지게 될 것이라는 뜻입니다.

하나님 말씀대로 이스라엘은 약속의 땅인 가나안에 안착하기까지 언약 후 약 500년이 걸려서 성취가 되었습니다. 이처럼 언약은 한순간에 완성이 되는 것이 아니고 4대라는 긴 시간에 걸쳐서 점진적으로 이루어졌습니다. 언약을 맺고 완성되기까지 매 순간 언약은 과실이 자라가듯이 조금씩 이루어져 가고 있었습니다. 때에 맞추어서 조금씩 점진적(漸進的)으로 진행되고 있었습니다. 진행하면서 더 실제적이고 더 구체적이고 심층적(深層的)으로 드러나게 되었습니다. 이것이 하나님이 이 땅에서 언약을 펼쳐가는 모습입니다.

시편 기자가 시편 105편 7-45절에서 이것을 잘 말해 주고 있습니다.

"7그는 여호와 우리 하나님이시라 그의 판단이 온 땅에 있도다 8그는 그 언약 곧 천대에 명하신 말씀을 영원히 기억하셨으니 9이것은 아브라함에게 하신 언약이며 이삭에게 하신 맹세며 10야곱에게 세우신 율례 곧 이스라엘에게 하신 영영한 언약이라 11이르시기를 내가 가나안 땅을 네게 주어 너희 기업의 지경이 되게 하리라 하셨도다 12때에 저희 인수가 적어 매우 영성하며 그 땅에 객이 되어 13이 족속에게서 저 족속에게로, 이 나라에서 다른 민족에게로 유리하였도다 14사람이 그들을 해하기를 용납지 아니하시고 그들의 연고로 열왕을 꾸짖어 15이르시기를 나의 기름 부은 자를 만지지 말며 나의 선지자를 상하지 말라 하셨도다 16그가 또 기근을 불러 그 땅에 임하게 하여 그 의뢰하는 양식을 다 끊으셨도다 17한 사람을 앞서 보내셨음이여 요셉이 종으로 팔렸도다 18그 발이 착고에 상하며 그 몸이 쇠사슬에 매였으니 19곧 여호와의 말씀이 응할 때까지라 그 말씀이 저를 단련하였도다 20왕이 사람을 보내어 저를 방석함이여 열방의 통치자가 저로 자유케 하였도다 21저로 그 집의 주관자를 삼아 그 모든 소유를 관리케 하고 22임의로 백관을 제어하며 지혜로 장로들을 교훈하게 하였도다 23이에 이스라엘이 애굽에 들어감이여 야곱이 함 땅에 객이 되었도다 24여호와께서 그 백성을 크게 번성케 하사 그들의 대적보다 강하게 하셨으며 25또 저희 마음을 변하여 그 백성을 미워하게 하시며 그 종들에게 교활히 행하게 하셨도다 26또 그 종 모세와 그 택하신 아론을 보내시니 27저희가 그 백성 중에 여호와의 표징을 보이고 함 땅에서 기사를 행하였도다 28여호와께서 흑암을 보내사 어둡게 하시니 그 말씀을 어기지 아니하였도다 29저희 물을 변하여 피가 되게 하

사 저희 물고기를 죽이셨도다 30그 땅에 개구리가 번성하여 왕의 궁
실에도 있었도다 31여호와께서 말씀하신즉 파리 떼가 오며 저희 사경
에 이가 생겼도다 32비 대신 우박을 내리시며 저희 땅에 화염을 내리
셨도다 33저희 포도나무와 무화과나무를 치시며 저희 사경의 나무를
찍으셨도다 34여호와께서 말씀하신즉 황충과 무수한 메뚜기가 이르
러 35저희 땅에 모든 채소를 먹으며 그 밭에 열매를 먹었도다 36여호
와께서 또 저희 땅의 모든 장자를 치시니 곧 저희 모든 기력의 시작
이로다 37그들을 인도하여 은금을 가지고 나오게 하시니 그 지파 중
에 약한 자가 하나도 없었도다 38그들의 떠날 때에 애굽이 기뻐하였
으니 저희가 그들을 두려워함이로다 39여호와께서 구름을 펴사 덮개
를 삼으시고 밤에 불로 밝히셨으며 40그들이 구한즉 메추라기로 오
게 하시며 또 하늘 양식으로 그들을 만족게 하셨도다 41반석을 가르
신즉 물이 흘러나서 마른 땅에 강같이 흘렀으니 42이는 그 거룩한 말
씀과 그 종 아브라함을 기억하셨음이로다 43그 백성으로 즐거이 나
오게 하시며 그 택한 자로 노래하며 나오게 하시고 44열방의 땅을 저
희에게 주시며 민족들의 수고한 것을 소유로 취하게 하셨으니 45이는
저희로 그 율례를 지키며 그 법을 좇게 하려 하심이로다 할렐루야!"

아브라함 언약은 먼저 그 후손들이 이방의 객이 되는 것입니다. 하나님은 아브라함에게 하신 언약을 이루기 위하여 이삭을 주십니다. 이삭은 야곱을 낳고, 야곱은 열두 아들을 낳습니다. 하나님은 아브라함 후손들이 이방의 객이 되는 언약을 이루시기 위하여 한

사람을 먼저 이방 나라로 보내십니다. 그가 바로 요셉입니다. 요셉은 하나님의 말씀이 응하기까지 차꼬에 채워져 언약을 이루기 위한 단련을 받습니다. 그러다가 요셉은 바로 왕의 꿈을 하나님의 은혜로 해몽하고 온 세상을 기근으로부터 해결한 공로를 인정받고 애굽의 실질적인 주권자인 총리까지 오르게 됩니다.

그때에 하나님은 야곱의 식솔들이 사는 가나안에 기근을 보내서 요셉이 총리로 있는 애굽으로 내려가게 하십니다. 야곱의 아들들은 요셉의 후광으로 이방 나라인 애굽에서 번성하기 시작합니다. 그러다가 하나님은 아브라함과 언약한 때가 되어서 요셉을 알지 못하는 새로운 왕을 일으켜서 이스라엘을 이방 나라의 종으로 사로잡히게 하십니다. 그러다가 아브라함과 약속하신 때가 되어서 구원을 해 내십니다.

출애굽기 2장을 봅시다.

"여러 해 후에 애굽 왕은 죽었고 이스라엘 자손은 고역으로 인하여 탄식하며 부르짖으니 그 고역으로 인하여 부르짖는 소리가 하나님께 상달한지라 하나님이 그 고통 소리를 들으시고 아브라함과 이삭과 야곱에게 세운 그 언약을 기억하사 이스라엘 자손을 권념하셨더라" (출 2:23-25).

여러 해 후에 애굽 왕은 죽었습니다. 그리고 새로운 왕이 등극을 합니다. 새로운 왕은 요셉을 알지 못하는 왕입니다. 그래서 이방인인 요셉의 가족들을 종으로 삼아 버립니다. 그러자 이스라엘 백성들이 아우성입니다. 하나님께 부르짖습니다. 때가 되자, 하나님께서 아브라함과 이삭과 야곱에게 하신 언약을 기억하시고 모세를 애굽에 보내서 이스라엘을 찾아오게 하십니다. 그리고 광야 40년을 거쳐서 여호수아를 통해 가나안 땅을 정복하게 하십니다. 그럼으로써 아브라함 언약이 완성됩니다.

아브라함 언약이 완성되기까지 약 500년이라는 긴 세월이 걸렸습니다. 그리고 사사시대를 거치고 다윗을 거쳐서 솔로몬이 성전을 지어서 완전한 이스라엘이라는 국가가 세워지기까지는 약 1000년이 걸렸습니다. 그리고 왕정 국가를 지나서 부침을 하면서 1000년을 지납니다. 그러다가 예수님이 오십니다. 이게 구약 이스라엘의 역사입니다.

예수님이 오시자 육의 질서는 사라지고 영적 질서로 재편이 이루어집니다. 아브라함의 후손은 표면적 이스라엘이 되고 예수그리스도로 낳아진 자들이 영적 이스라엘이 됩니다. 예수님의 오심으로 구약의 역사가 묵시 안으로 들어가 버렸습니다.

장차도 마찬가지입니다. 예수님이 재림하시면 역사가 묵시 안으로 들어가는 일들이 일어납니다. 그게 이 땅에서 공중으로 이끌려 올라가서 새 하늘과 새 땅에서 그리스도와 더불어 천 년 동안 왕 노릇하는 것으로 나타나는 것입니다.

10
언약의 흐름

창세 전 언약도 마찬가지입니다. 역사 속에서 점진적, 심층적으로 나타나게 됩니다. 언약이 역사 속에서 조금씩 점진적으로 나아가고 심층적으로 나타나는 것이므로 각 시대마다 창세 전 언약이 담고 있는 내용들은 씨눈처럼 배태(胚胎)되어 있습니다. 그러므로 어느 시대, 어느 사건이든지 창세 전 언약이 담겨져 있는 것입니다.

창세 전 언약은 역사 속에서 이루어지는 것이므로 인류의 조상인 아담으로부터 시작이 됩니다. 에덴동산에서 아담과 하와를 통해서 큰 그림으로 보여주십니다. 아담의 몸에서 하와를 빼냅니다. 그런데 하와가 뱀에게 미혹당하여 범죄하고 맙니다. 이에 아담은 자기 몸에서 나온 여자와 운명을 같이합니다. 하나님은 범죄한 아담과 함께 살 수가 없어서 에덴동산에서 쫓아내십니다.

하나님은 에덴동산을 떠나는 범죄한 아담에게 가죽옷을 입혀주시고는 뱀의 머리를 깨트리고 너희를 온전하게 구원해 줄 여자의 후손을 기다리라고 하십니다. 아담에게 있어 희망은 여자의 후손으로 오시는 메시아입니다. 그가 와야 에덴동산으로 돌아갈 수 있는 길이 열리기 때문입니다.

창세기 3장을 봅시다.

"내가 너로 여자와 원수가 되게 하고 너의 후손도 여자의 후손과 원수가 되게 하리니 여자의 후손은 네 머리를 상하게 할 것이요 너는 그의 발꿈치를 상하게 할 것이니라"(창 3:15).

"여호와 하나님이 아담과 그 아내를 위하여 가죽옷을 지어 입히시니라"(창 3:21).

하나님은 아담을 에덴동산에서 내어 보내시고 난 후 에덴동산을 감추어버리십니다. 아담이 살아가는 동네에서는 에덴동산을 볼 수가 없습니다. 에덴동산은 세상에 존재하지만 죄인에게는 감추어진 세계입니다. 마치 시내 산 아래 있는 백성들이 중간에 구름이 끼어 시내 산 위를 볼 수 없는 것과 같습니다.

장차 여자의 후손으로 오시는 분이 아담을 그곳으로 데리고 가실 것입니다. 아담에게 소망은 여자의 후손뿐입니다. 하나님은 에덴동산에서 하시고자 하신 일을 아담이 살아가는 동네에서 이루어가십니다. 에덴동산에서의 일이 이제는 에덴동산 바깥으로 확대되어 나타납니다. 이것이 가인과 아벨의 제사로도 나타납니다. 아벨은 범죄한 아담의 후예로서 최초로 구원을 받은 자로 나타납니다. 아벨은 양과 그 기름으로 하나님께 제사를 드립니다.

그러자 하나님께서 아벨과 그 제물을 흠향하십니다. 히브리서 11장에서는 아벨이 더 나은 제물을 드렸다고 합니다. 더 나은 것이란 옳음이라는 뜻입니다. 하나님이 바라시는 제사를 드렸다는 뜻입니다. 아벨은 짐승의 희생으로 구원을 받은 것입니다.

세월은 흘러 인류가 번성하여 노아의 때가 되었습니다.

창세기 6장을 봅시다.

"1사람이 땅 위에 번성하기 시작할 때에 그들에게서 딸들이 나니 2하
나님의 아들들이 사람의 딸들의 아름다움을 보고 자기들의 좋아하
는 모든 자로 아내를 삼는지라 3여호와께서 가라사대 나의 신(神)이
영원히 사람과 함께하지 아니하리니 이는 그들이 육체가 됨이라 그
러나 그들의 날은 일백 이십년이 되리라 하시니라 4당시에 땅에 네피
림이 있었고 그 후에도 하나님의 아들들이 사람의 딸들을 취하여 자
식을 낳았으니 그들이 용사라 고대에 유명한 사람이었더라 5여호와
께서 사람의 죄악이 세상에 관영함과 그 마음의 생각의 모든 계획이
항상 악할 뿐임을 보시고 6땅위에 사람 지으셨음을 한탄하사 마음에
근심하시고 7가라사대 나의 창조한 사람을 내가 지면에서 쓸어버리되
사람으로부터 육축과 기는 것과 공중의 새까지 그리하리니 이는 내
가 그것을 지었음을 한탄함이니라 하시니라"(창 6:1–7).

성경은 노아의 때를 죄악이 관영한 때라고 합니다.

하나님이 사람 지음을 한탄하였다고 합니다.

그래서 심판을 단행합니다.

인간의 타락으로 땅에 기식하는 모든 것들이 저주를 받게 되었습니다. 노아의 종말은 장차 이 세상 종말을 예표하고 있습니다.

노아의 가족은 하나님의 은혜로 방주 안에서 홍수 심판을 면하게 됩니다. 방주가 높은 산으로 노아의 가족들을 인도하였습니다. 이는 장차 예수님이 세상을 멸할 때 성도들을 공중으로 이끌어 올려주실 것을 예표하고 있습니다. 그래서 예수님은 장차 임할 종말의 때를 노아의 때와 같다고 하셨습니다.

베드로도 노아 시대 일어난 홍수 심판은 장차 예수님이 재림하시면 일어날 이 세상의 심판을 예표하는 것이라고 하였습니다. 홍수 후에 하나님은 노아와 언약을 맺고 새로운 시대를 엽니다. 노아의 가족으로 인하여 새로운 시대가 열리게 되었습니다. 사람이 번성하고 땅에 충만하기 시작합니다. 그러자 이번에는 온 나라 백성들이 모여서 바벨탑을 쌓아서 하늘에 올라가자고 합니다. 이것은 인간의 힘으로 하늘나라를 침노하겠다는 뜻입니다. 이에 하나님은 흩어버리십니다. 그리고 다시 인류가 번성을 합니다.

홍수 후에 하나님은 노아와 언약을 맺고 새로운 시대를 여십니다. 노아의 가족으로 인하여 새로운 시대가 열리게 되었습니다. 사람이 번성하고 땅에 충만하기 시작합니다.

그러다가 약 1000년 후에 하나님이 아브라함을 찾아가십니다. 하나님은 아브라함을 본토 친척 아비 집으로부터 빼냅니다. 그리고 언약을 맺으십니다. 아브라함을 통하여 새로운 시대가 열린 것입니다. 하나님이 아브라함과 언약을 맺으심으로써 이 세상은 언약의 후손과 비언약의 후손으로 나뉘게 되었습니다. 하나님이 세상 속에서 아브라함을 불러냄으로써 두 민족으로 나누어버리신 것입니다. 이제 세상은 이스라엘과 이방 민족으로 나누어집니다.

아브라함 언약은 창세 전 언약을 근거로 주어진 것입니다. 창세 전 언약은 예수 그리스도를 통해 자기 백성을 구원하는 언약입니다. 이것을 구약에서는 아브라함 언약의 후손들이 어린양의 피를 바르고 출애굽을 하는 것으로 예표적으로 보여주고 있습니다.

아브라함의 후손들이 어린양의 피로 출애굽하는 모습 속에는 예수 그리스도의 피로 맺은 새 언약이 담겨져 있는 것입니다. 그래서 예수님이 아브라함도 예수님의 때를 보고 즐거워하였다고 말씀하신 것입니다. 이 말은 아브라함 언약이 예수 그리스도의 새 언약 안에서 완성이 된다는 뜻입니다.

이처럼 창세 전 언약은 역사 속에서 과거와 현재와 미래로 흘러가면서 완성이 되어가고 있습니다. 이것이 실제적으로 장차 예수님의 재림 때에는 새 언약 안에 거하는 성도들의 몸의 구속으로 이루어지는 것입니다.

언약은 역사 전반에서 이루어지기 때문에 이미 이룬 것도 있고, 현재 이루어가는 것도 있고, 장차 이루어지는 것도 있습니다. 이를 점진적, 심층적 계시라고 합니다. 점진적이라는 말은 진행되면서 확대된다는 뜻이고, 심층적이라는 말은 점점 더 구체적이고 또렷해진다는 뜻입니다. 처음에는 희미하던 것이 시간이 흐를수록 점점 더 확실하게 드러나게 되는 것입니다.

이처럼 예수 그리스도를 통한 자기 백성들이 구원되는 창세 전 언약이 시간의 흐름과 같이 그 실체가 희미하던 것에서 점점 확연하게 드러나게 되는 것입니다. 구약에서 조금 보여주고, 신약에서 조금 보여주고, 종말에 가서 온전하게 다 드러나게 되는 것입니다. 이것이 장차 예수님의 재림 때에는 새 언약 안에 거하는 성도들이 실제로 이 세상을 떠나 공중으로 이끌려 올라가는 몸의 구속이 이루어지게 되는 것입니다.

창세 전 언약은 창세기로부터 시작해서 요한계시록으로 끝이 납니다. 요한계시록은 예수님의 재림으로 완성이 됩니다. 그러므로 요한계시록의 상징적인 이야기들은 현재진행형으로 이루어져 가고 있으며, 예수님의 재림 때가 되면 온전하게 알 수 있게 되는 것입니다.

예수님의 재림과 먼 시간에 있었던 과거의 시절에는 장차 될 일을 말하고 있는 요한계시록을 온전히 알 수가 없습니다. 상징을 영적으로 이해할 뿐입니다.

그런 의미에서 초대교회나 500년 전에 살았던 칼빈이 천년 왕국을 이해하지 못하여서 요한계시록을 주석하지 않은 것은 신앙적인 면에서는 전혀 이상한 일이 아닌 것입니다. 그때는 아직 요한계시록의 계시가 온전히 열릴 때가 아니었기 때문입니다. 그런 의미에서 칼빈이 요한계시록을 주석하지 않은 것이 지혜로움일 수 있는 것입니다. 모르면 모른다고 하는 것이 지혜로움입니다.

온전한 때가 이르기 전에는 상징적으로 해석하기도 하고 또는 영적으로도 해석할 수 있습니다. 그러나 예수님이 재림하셔서 창세 전 언약이 완성되는 시기에는 상징이나 영적으로 해석해서는 안 됩니다. 실제로 해야 합니다. 왜냐하면 예수님의 재림이 실제적 사건이기 때문입니다. 예수님의 재림이 실제로 일어나는 것이라면, 요한계시록의 내용들도 실제로 역사 속에서 나타나게 되는 것입니다. 므나 비유가 비유로만 그치는 것이 아니라 실제적인 사건으로 나타나게 되는 것입니다.

저는 개인적으로 이 시대가 예수님의 재림이 임박한 때라고 봅니다. 그래서 요한계시록의 해석도 실제적으로 일어날 사건으로 해석하고 있는 것입니다. 저 역시 예전에는 상징적으로, 영적으로 해석을 했습니다. 그때는 성경을 이해하는 폭도 좁았고, 시대를 보는 눈이 어두웠기 때문입니다.

그러나 지금은 다릅니다. 신앙의 경륜이 쌓여가면서 성경을 보는 안목이 조금씩 깊어지고 넓어지는 것입니다. 시대를 보는 눈도 열려지니 예전에 상징적으로 보았던 것들이 이제는 역사 속에서 실체로 드러나고 있음이 보이고 있는 것입니다. 주께서 때에 맞추어서 조금씩 눈을 열어주시기 때문입니다.

11
상징이 실상으로 나타나다

요한계시록은 예언적인 의미에서는 종말에 나타날 적그리스도 세력과 시대상을 말해주고 있는 내용입니다. 적그리스도 세력을 음녀로 말하고 있습니다. 왜 음녀로 말하는가 하면 교회가 세속화되고 비진리를 전하기 때문입니다. 초대 교회 때에는 요한계시록에 나오는 적그리스도 세력인 음녀 바벨론을 교회를 핍박하던 로마로 해석하였습니다.

이것이 교회 시대를 거쳐 오면서 각종 적그리스도 세력으로 이해하고 해석했습니다. 하지만 지금은 로마로 해석하면 안 됩니다. 지금은 음녀가 초대 교회를 핍박하던 로마의 성격을 가진 커다란 종교집단으로 나타나고 있기 때문입니다.

지금은 배도(背道)하는 세력이 일어나고 있습니다. 예수 이외에도 세상의 모든 종교에는 구원이 있다고 하는 자들이 큰 세력을 이루고 있습니다. 로마 가톨릭과 WCC와 같은 세력이 큰 음녀가 되어서 세상의 모든 종교를 통합하여 이 땅에 적그리스도의 나라를 만들고자 하는 것들이 실제적으로 일어나고 있습니다. 이러한 때에 음녀가 로마라고 과거적인 해석을 해서는 안 되는 것입니다.

가톨릭이나 WCC는 교회라는 이름을 가지고 있습니다. 교회라는 이름을 가지고 적그리스도적인 종교 통합 운동을 하고 있습니다. 이는 배도이고 영적인 간음을 하고 있는 것입니다. 그래서 타락한 교회를 음녀라고 합니다. 음녀의 모습을 봅시다.

요한계시록 17장 1-6절 말씀입니다.

"1또 일곱 대접을 가진 일곱 천사 중 하나가 와서 내게 말하여 가로
되 이리 오라 많은 물 위에 앉은 큰 음녀의 받을 심판을 네게 보이리
라 2땅의 임금들도 그로 더불어 음행하였고 땅에 거하는 자들도 그
음행의 포도주에 취하였다 하고 3곧 성령으로 나를 데리고 광야로
가니라 내가 보니 여자가 붉은 빛 짐승을 탔는데 그 짐승의 몸에 참
람된 이름들이 가득하고 일곱 머리와 열 뿔이 있으며 4그 여자는 자
줏빛과 붉은 빛 옷을 입고 금과 보석과 진주로 꾸미고 손에 금잔을
가졌는데 가증한 물건과 그의 음행의 더러운 것들이 가득하더라 5그
이마에 이름이 기록되었으니 비밀이라, 큰 바벨론이라, 땅의 음녀들
과 가증한 것들의 어미라 하였더라 6또 내가 보매 이 여자가 성도들
의 피와 예수의 증인들의 피에 취한지라 내가 그 여자를 보고 기이히
여기고 크게 기이히 여기니"

천사가 사도 요한에게 종말에 나타날 큰 음녀를 보여줍니다. 큰

음녀가 많은 물 위에 앉았습니다. 물이란 열국을 말하고 사상을 말합니다. 많은 물이라고 하였으니 세상의 모든 사상을 말합니다. 교회가 세상의 모든 사상을 다 받아들이고 있다는 뜻입니다. 그래서 음행의 포도주라고 합니다. 이들이 무슨 일을 하는가 하면 성도들을 죽이는 일을 합니다. 그래서 성도들의 피에 취하여 있다고 하는 것입니다.

큰 음녀가 있고 땅의 음녀들이 있습니다.

땅의 음녀들이 큰 음녀를 따르고 있습니다. 큰 음녀는 주도 세력이고, 땅의 음녀들은 그를 추종하는 무리들을 말합니다. 이들을 땅의 임금이라고 합니다. 이들은 예수님 초림 때 제사장들이 성전을 통해서 부와 사치와 연락하였던 것과 같이 종말에도 거짓 종들이 교회라는 이름으로 세상의 부귀영화를 누리고 있는 것입니다. 그래서 성경은 세상 임금을 마귀의 종으로 말하고 있는 것입니다.

이 시대 교회라는 이름을 가지고 예수 이외에도 구원이 있다고 가르치는 자들이 누구입니까? 거짓 목사들입니다. 이들은 땅에서 올라온 짐승으로서 사단의 종들입니다. 로마 가톨릭과 그를 따르는 WCC 세력들입니다.

WCC는 세계교회협의회입니다. 이들은 교회라는 이름으로 하나님을 대적하는 세상의 모든 종교를 하나로 통합하고자 합니다. 이는 간음이고 배교입니다. 여기에 전 세계적으로 수많은 교회들이 가톨릭이 벌이는 종교 통합 운동에 동참하고 있습니다. 이제는 대세가 되고 말았습니다. 여기에 동참하지 않는 자는 세상의 평화를 깨트리는 반평화주의자로 낙인이 찍힙니다.

예전에는 상상도 할 수 없는 일들입니다. 그런데 이러한 일들이 이 시대에 아무런 거리낌 없이 교회 안에서 일어나고 있습니다. 도무지 이해할 수 없는 일들을 교회가 하고 있습니다.

한국에서도 많은 교단들이 종교 통합을 외치는 WCC에 동참하고 있습니다. 심지어 WCC를 반대하면 이단으로 매도하기도 합니다. 기독교 방송에서도 WCC가 정통적인 기독교 단체라고 선동하고 있습니다. 왜 그런가 하면 기독교 방송을 후원하는 물주들이 대부분 대형교회들이기 때문입니다. 그래서 지난번에 부산에서 WCC 총회가 이루어졌을 때 반대하시는 분들의 주장이 한국의 대형교회 대부분이 WCC를 찬성한다고 하면서 대형교회들이 타락의 온상이라고 외친 것입니다. 대형교회들이 왜 WCC를 동조하는가 하면 WCC가 인본주의 신앙을 주장하고 있기 때문입니다.

교회를 운영하자면 돈이 있어야 합니다. 돈은 교인으로부터 나옵니다. 교인들로부터 돈을 뜯어내려면 인간의 가치를 부추겨 주어야 합니다. 그래야 돈을 내기 때문입니다. 그래서 대형교회들은 인본주의를 가르치는 WCC가 매력적인 것입니다.

세상적으로 인정받으려면 세상 사람들이 동의하는 이야기를 해주어야 합니다. 이들의 주장은 교인들이 가톨릭으로 많이 이동하는 것은 예수 이외에는 구원이 없다고 하는 기독교의 독선적인 교리와 포용하지 못하는 편협성 때문이라고 합니다.

그러므로 교회가 부흥하려면 예수 이외에는 구원이 없다고 하는 독선적 교리와 타 종교를 배척하는 편협성을 버리고, 모든 종교는 지향하는 바가 같기 때문에 모두가 동등하다고 하여야 전도의 확장성이 생겨서 사람들이 교회로 몰려온다고 하는 것입니다.

인간은 종교성을 가지고 있어서 본능적으로 신을 찾게 되어 있습니다. 그러자면 인간의 가치를 부정하는 종교보다 인간의 가치를 긍정해 주는 종교가 좋은 것입니다. 이것을 가톨릭이나 WCC 사상을 주장하는 인본주의로 세워진 교회들이 해 주고 있는 것입니다. 그래서 인본주의로 세워지는 교회에는 세상의 덕망 있는 사람들이 많이 모이게 되는 것입니다. 교회들은 유명인들의 이름을 팔아서 호객행위를 하여 사람들을 모으고 있는 것입니다. 이것이 종말의 타락한 교회상입니다. 그래서 종말의 교회를 음녀라고 하고 세상의 각종 더러운 영들이 모이는 귀신의 처소라고 하는 것입니다.

분명히 말하지만 복음은 독선적이고 편협성을 담고 있습니다.

복음은 아무에게나 들려지는 것이 아닙니다. 자기 백성들에게만 들려집니다. 예수님은 자기 백성을 구원하러 오셨어요. 예수라는 이름이 이를 증거해 주고 있습니다. 예수라는 이름의 뜻이 뭔가요? 자기 백성을 저희 죄에서 구원하는 자입니다. 자기 백성이에요. 예수라는 이름 자체가 자기 백성과 자기 백성 아닌 자들을 갈라내는 심판성을 담고 있어요. 그러므로 성경은 하나님은 예수 이외 구원을 주신 적이 없다고 증거하고 있는 것입니다. 따라서 복음은 편협적일 수밖에 없습니다. 복음은 자기 백성을 찾아내는 것이 목적이지 많은 사람들을 모으는 것이 아닙니다. 그러므로 복음은 다수의 사람이 기뻐하는 길을 갈 수 없는 것입니다. 세상과 타협할 수 없는 것입니다.

그런데 다수를 원하는 대형교회들에게는 편협성을 가진 복음보다는 세상에 확장성을 가진 인본주의가 좋은 것입니다. 사람들이 주인인 교회가 좋은 것입니다. 물질적 가치로 세워지는 조직화된 교회에서는 사람들이 교회의 주인이기 때문입니다.

그러므로 인본주의 교회에서는 하나님이 기뻐하시는 예수 그리스도의 피로 주어지는 의를 버리고, 인간의 선행도 의가 된다고 하는 사람들이 좋아하는 이야기를 하고 있는 것입니다.

육적 교인들은 그것을 좋아합니다. 그러다 보니 이 시대 교회 안에는 뱀의 말이 홍수를 이루고 있으며, 기독교가 세상의 여러 종교 중에 하나가 되고 만 것입니다. 이것은 하나님을 여러 신들 중에 하나로 만들어버리는 악한 행위입니다. 창조주를 피조물로 격하시키는 망령된 짓입니다. 이를 음행의 포도주라고 합니다.

요한계시록 18장 2-5절을 보십시오.

"[2]힘센 음성으로 외쳐 가로되 무너졌도다 무너졌도다 큰 성 바벨론

이여 귀신의 처소와 각종 더러운 영의 모이는 곳과 각종 더럽고 가증
한 새의 모이는 곳이 되었도다 3그 음행의 진노의 포도주를 인하여
만국이 무너졌으며 또 땅의 왕들이 그로 더불어 음행하였으며 땅의
상고들도 그 사치의 세력을 인하여 치부하였도다 하더라 4또 내가 들
으니 하늘로서 다른 음성이 나서 가로되 내 백성아 거기서 나와 그
의 죄에 참여하지 말고 그의 받을 재앙들을 받지 말라 5그 죄는 하늘
에 사무쳤으며 하나님은 그의 불의한 일을 기억하신지라"

큰 음녀를 큰 성 바벨론이라고 합니다. 큰 음녀를 일컬어 각종 더러운 영들이 모인 귀신의 처소라고 합니다. 큰 음녀가 세상의 모든 종교를 다 품고 있는 것입니다. 그래서 이들을 음행하는 자들이라고 합니다.

음행이란 진리를 간음하는 것입니다. 이 시대 대다수의 설교가 본질을 벗어난 윤리 강론이 되고 말았습니다. 강단에서 뱀의 말인 인본주의 말이 홍수를 이루고 있습니다. 그래서 하나님께서 자기 백성들에게 거기서 나오라고 하시는 것입니다.

지금은 상징이 실제로 나타나고 있는 때입니다. 그러므로 지금은 요한계시록을 초대 교회 식으로 음녀가 로마라는 식의 상징적 해석을 해서는 안 되는 것입니다. 실제로 배도하는 세력으로 보아야 합니다. 음녀만 실제로 보아서는 안 되고 천년 왕국도 실제로 보아야 합니다.

과거에는 천년 왕국을 영적으로 볼 수밖에 없었습니다. 왜냐하면

그때는 상징하는 것들이 역사 속에서 나타나지 않았기 때문입니다. 그러나 지금은 성경의 예언들이 역사 속에서 그대로 드러나고 있습니다. 모든 계시가 실제적으로 완성이 되어가고 있기 때문입니다. 그러므로 천년 왕국도 영적으로 보아서는 안 되고 실제적인 것으로 보아야 하는 것입니다.

예전에 큰 교회에 다니는 권사님이 하시는 말씀이, 자기 교회 목사님이 칼빈도 요한계시록을 주석하지 않았기 때문에 요한계시록을 함부로 해석해서는 안 된다고 했다는 것입니다. 이 모두가 소경을 인도자로 두어서 그런 겁니다. 목사가 소경이므로 칼빈이 요한계시록을 주석하지 않았기 때문에 지금도 요한계시록을 해석하면 안 되는 금서(禁書)로 취급하고 있는 것입니다. 그런 목사의 말을 듣는 그 사람도 소경이긴 마찬가지입니다.

주석은 성경이 아닙니다. 그 사람의 주관적인 해석입니다. 자기가 깨달은 것을 "나는 이렇게 이해합니다"라고 자기 생각을 풀어놓은 것이 주석입니다. 그러므로 주석은 참고는 하시되 절대성을 둘 필요는 없습니다.

성경은 성령의 감동으로 기록하였습니다. 이는 성령으로 거듭난 자들에게 들려주기 위함입니다. 하나님의 백성이라면 성경이 어려울 수가 없습니다. 왜냐하면 성령으로 거듭난 하나님의 백성은 성령께서 성령의 감동으로 기록한 성경을 성령의 감동으로 깨닫게 해 주시기 때문입니다.

물론 각 사람의 신앙 수준에 맞게 깨닫게 해 주실 것입니다. 신앙의 경륜이 어린아이 신앙일 때에는 어린아이 신앙만큼 깨닫게 해 주시고, 신앙의 경륜이 어른의 신앙이 되면 어른의 신앙만큼 깨닫게 해 주실 것입니다. 어려서는 어린아이 생각을 하다가 어른이 되어서는 어린아이 생각을 버리듯이 성경을 이해하고 깨달아가는 것도 신앙의 경륜이 쌓여가면서 성경을 이해하는 폭이 깊어지게 되는 것입니다.

고린도전서 13장 9-12절을 봅시다.

"9우리가 부분적으로 알고 부분적으로 예언하니 10온전한 것이 올 때에는 부분적으로 하던 것이 폐하리라 11내가 어렸을 때에는 말하는 것이 어린아이와 같고 깨닫는 것이 어린아이와 같고 생각하는 것이 어린아이와 같다가 장성한 사람이 되어서는 어린아이의 일을 버렸노라 12우리가 이제는 거울로 보는 것같이 희미하나 그때에는 얼굴과 얼굴을 대하여 볼 것이요 이제는 내가 부분적으로 아나 그때에는 주께서 나를 아신 것같이 내가 온전히 알리라"

복음을 알아가는 것은 생명의 자람과 같습니다. 마치 어린아이가 자라서 어른이 되어 가는 것과 같습니다. 이는 복음을 알아가는 과정이 있다는 뜻입니다. 우리는 모두가 처음에는 부분적으로 알고 부분적으로 예언하였습니다. 그러다가 온전한 것이 오면 부분적으로 하던 것을 폐하게 됩니다.

창세 전 언약은 역사 속에서 때를 따라서 점진적으로 계시가 열려지기 때문에 처음에는 모두가 부분적일 수밖에 없습니다. 그러다가 온전한 것으로 나아갑니다.

2000년 전에는 희미하던 것이 1000년 전에는 조금 더 밝혀지고 지금은 더 많이 밝혀집니다. 어린아이가 자라가면서 이해하는 폭이 깊어지고 넓어지듯이 하나님의 일하심도 그러합니다. 예수님의 초림으로부터 예수님의 재림 때까지 열려지는 계시의 폭과 깊이도 다릅니다. 그러므로 500년 전에 성경을 해석하던 것과 지금의 성경 해석의 깊이는 다를 수가 있습니다.

칼빈도 부분적으로 보았습니다. 그러나 지금은 칼빈보다 더 깊고 온전한 것을 깨달을 수가 있는 것입니다. 이는 누가 옳고 그름의 문제가 아닙니다. 계시의 흐름의 문제입니다.

그 시대는 상징이 옳았고, 지금은 실제가 옳습니다. 그러므로 과거적 해석에 매이지 말고 현재적 해석을 따라가야 합니다. 특히 요한계시록은 더더욱 그러합니다.

12
창세 전 언약으로 말미암은 세상의 창조

만물이 예수로 말미암았습니다. 예수님이 만물을 가지고 언약을 이루어가십니다. 이 사실을 증거하는 것이 성경입니다. 성경은 언약의 책입니다. 그러므로 성경에 나와 있는 모든 이야기는 창세 전 언약 이야기입니다. 창세 전 언약은 예수 그리스도를 통해 구속받은 자들이 하나님의 아들들이 되어서 그 나라에서 살아가는 이야기입니다.

언약은 땅과 후손에 관한 이야기입니다. 이것이 구약에서는 아브라함 언약으로 나타났고, 신약에서는 예수 그리스도를 통한 새 언약으로 나타났습니다. 구약은 그림자이고, 신약은 실상입니다. 구약은 신약을 전제로 기록이 되었고, 신약은 구약을 배경으로 기록이 되었습니다.

아브라함 언약은 예수 그리스도의 새 언약을 전제로 주어졌고, 예수 그리스도의 새 언약은 아브라함 언약을 배경으로 주어졌습니다. 그러므로 아브라함 언약은 그림자이고, 예수 그리스도의 새 언약이 실상인 것입니다. 구약과 신약 모두가 예수 그리스도를 통한 자기 백성을 구원하는 창세 전 언약을 이야기하고 있는 것입니다.

창세 전에……

창세 전이라는 말은 이 세상이 만들어지기 전이라는 말입니다. 하나님이 사는 세계를 말합니다. 만물 바깥에 있는 하나님 나라를 말합니다. 이것을 요한복음 1장 1절에서는 '태초'라고 합니다.

요한복음 1장 1-3절을 보겠습니다.

"1태초에 말씀이 계시니라 이 말씀이 하나님과 함께 계셨으니 이 말
씀은 곧 하나님이시니라 2그가 태초에 하나님과 함께 계셨고 3만물이
그로 말미암아 지은 바 되었으니 지은 것이 하나도 그가 없이는 된
것이 없느니라"

태초에 말씀이 계셨습니다. 그가 하나님과 함께 계셨습니다. 그런데 그도 하나님이십니다. 말씀이신 하나님과, 하나님이신 하나님과, 이를 증거하는 하나님도 함께 계셨습니다. 말씀이신 하나님은 예수님을 말하고, 하나님이신 하나님은 아버지 하나님을 말하고, 이 사실을 증거하는 하나님은 성령 하나님이십니다. 이러면 태초에, 즉 창세 전에 성부, 성자, 성령 하나님이 함께 계심이 됩니다.

태초에 말씀으로 계시던 그 하나님이 육신을 입고 이 세상에 오

셨습니다. 아버지가 그 아들을 이 세상에 보내신 것입니다. 이는 창세 전 언약을 이루기 위해서입니다. 창세 전 언약이 이 세상이라는 역사 속에서 펼쳐지고 이루어지는 것입니다.

그래서 언약을 하신 하나님이 이 세상 속에 육신을 입고 오신 것입니다. 이것이 구약에서는 여호와로 나타났고, 신약에서는 주의 이름으로 오신 예수 그리스도로 나타나신 것입니다.

사도 요한은 태초에 말씀이신 하나님을 직접 만나서 교제하였다고 증거하고 있습니다.

요한일서 1장 1-3절을 보십시오.

"1태초부터 있는 생명의 말씀에 관하여는 우리가 들은 바요 눈으로
본 바요 주목하고 우리 손으로 만진 바라 2이 생명이 나타내신 바 된
지라 이 영원한 생명을 우리가 보았고 증거하여 너희에게 전하노니
이는 아버지와 함께 계시다가 우리에게 나타내신 바 된 자니라 3우
리가 보고 들은 바를 너희에게도 전함은 너희로 우리와 사귐이 있게
하려 함이니 우리의 사귐은 아버지와 그 아들 예수 그리스도와 함께
함이라"

태초에 말씀이신 하나님과, 하나님이신 하나님이 함께 계셨는데, 말씀이신 하나님이 하나님을 아버지라고 합니다. 그러면 태초에 말씀이신 하나님은 하나님의 아들이신 예수 그리스도이심이 밝혀졌습니

다. 그래서 예수님과 3년 동안 동고동락을 한 사도 요한이 자신은 태초에 말씀으로 계시던 그 하나님을 눈으로 보고, 귀로 듣고, 손으로 직접 만졌다고 하는 것입니다. 이는 사실이라는 것입니다.

하나님의 아들이 왜 육신을 입고 이 세상에 오셨습니까? 이는 아버지의 뜻을 행하고자 함입니다. 아버지의 뜻은 아버지께서 주신 자들을 마지막 날에 다시 살리는 것입니다. 이 말은 아버지의 백성들이 지금 죽어 있다는 것입니다. 그래서 그 아들을 보내서 살리게 하신 것입니다. 태초에 삼위 하나님이 이러한 일들을 하기로 작정하셨습니다. 이것을 창세 전 언약이라고 합니다. 이를 위하여 만물을 창조하셨습니다.

그래서 요한복음 1장 3절에서 "만물이 그로 말미암아" 창조가 되었다고 합니다. "말미암아"라는 말은 어떤 원인을 말합니다. "만물이 그로 말미암아 지은 바 되었다"라고 하였으니, 만물이 창조가 된 것은 '그' 때문이라는 것을 알 수 있습니다. 그러면 그가 누구이고, 그가 왜 만물을 만들어야 했는지 그 배경을 살펴봅시다.

골로새서 1장 15-17절을 봅시다.

"[15]그는 보이지 아니하시는 하나님의 형상이요 모든 창조물보다 먼저 나신 자니 [16]만물이 그에게 창조되되 하늘과 땅에서 보이는 것들과 보이지 않는 것들과 혹은 보좌들이나 주관들이나 정사들이나 권세들이나 만물이 다 그로 말미암고 그를 위하여 창조되었고 [17]또한 그가 만물보다 먼저 계시고 만물이 그 안에 함께 섰느니라"

그는 보이지 아니하시는 하나님의 형상이라고 하였습니다. 그는 예수님을 말합니다. 그러면서 그는 모든 창조물보다 먼저 나신 자라고 합니다. 모든 창조물보다 먼저 나신 자라는 말은 피조물 바깥에 계신 창조주 하나님이라는 뜻입니다. 예수님이 창조주 하나님이라고 합니다. 창조주가 만물을 왜 만들었을까요? 이는 창조주가 하고 싶은 일들을 나타내고자 함입니다. 그래서 만물을 '그를 위하여' 창조하였다고 말씀해 주고 있는 것입니다.

창조주이신 예수님이 만물 속에 왜 오셨을까요? 자기 백성을 창조(구원)하기 위해서입니다. 예수님은 창조주이시기 때문에 예수님이 하시는 일은 모두가 창조에 속한 일들입니다. 그래서 성경은 창조와 구원을 동의어로 말하고 있는 것입니다. 이것을 구약에서는 창세기 1장의 창조 이야기로 말해 주고 있습니다.

창세기 1장의 창조는 구원 이야기입니다. 하나님은 창조 이야기 속에 예수님이 세상에서 하는 일들을 담아놓으신 것입니다. 그래서 성경은 창조와 구원을 영적으로는 같은 뜻으로 사용하고 있는 것입니다.

예수님이 천지를 가지고 창세 전 언약을 풀어내시는 것입니다. 그래서 만물 속에 하늘의 것과 땅의 것, 보이는 것과 보이지 않는 것이 있는 것입니다. 이것을 창세기 1장 1절에서는 천지라고 합니다. 천지를 가지고 창세 전 언약을 펼쳐가시는 것입니다.

13
역사(History), 그의 이야기

하나님이 천지를 창조하셨습니다. 천(天)은 보이지 않는 하나님 나라를 상징하고, 지(地)는 보이는 이 세상을 상징합니다. 하나님은 보이지 않는 하늘의 이야기를 보이는 이 땅에서 이루십니다. 그래서 예수님은 제자들에게 기도를 가르치실 때 "아버지의 뜻이 하늘에서 이룬 것같이 땅에서도 이루어지기를 기도하라"라고 말씀하십니다. 이는 창세 전 언약이 이 역사 속에서 빈틈없이 이루어지기를 기도하라는 것입니다. 왜냐하면 이 세상은 창세 전 언약을 위하여 창조되었기 때문입니다.

그래서 창세기 1장 2절부터는 땅에 관한 이야기로 나타나는 것입니다. 왜냐하면 창세 전 언약이 이 땅에서 이루어지기 때문입니다. 창세 전 언약은 예수 그리스도가 자기 백성들을 죄와 사망으로부터 건져내고 하늘의 신령한 것으로 채워가는 것으로 되어 있습니다. 그래서 창조 이야기를 갈라내고 채우는 것으로 말해 주고 있는 것입니다. 창세기 1장의 창조는 창세 전 언약의 내용을 담고 있습니다. 이는 예수님께서 역사 속에서 일하시는 것을 상징하고 있습니다. 그럼 창세 전 언약의 내용이 어떤 것인지를 봅시다.

에베소서 1장 3-7절 말씀입니다.

"3찬송하리로다! 하나님 곧 우리 주 예수 그리스도의 아버지께서 그
리스도 안에서 하늘에 속한 모든 신령한 복으로 우리에게 복 주시되
4곧 창세 전에 그리스도 안에서 우리를 택하사 우리로 사랑 안에서
그 앞에 거룩하고 흠이 없게 하시려고 5그 기쁘신 뜻대로 우리를 예
정하사 예수 그리스도로 말미암아 자기의 아들들이 되게 하셨으니
6이는 그의 사랑하시는 자 안에서 우리에게 거저 주시는 바 그의 은
혜의 영광을 찬미하게 하려는 것이라 7우리가 그리스도 안에서 그의
은혜의 풍성함을 따라 그의 피로 말미암아 구속 곧 죄 사함을 받았
으니"

성령께서 바울에게 창세 전에 하나님께서 계획하신 것을 깨닫게 해 주십니다. 창세 전에 그리스도 안에서 택함을 입은 자들을 거룩하고 흠이 없게 해 주신다는 것입니다. 거룩하고 흠이 없게 한다는 것은 죄 사함을 주신다는 뜻입니다. 어떻게 죄 사함을 주느냐 하면 그의 피로 말미암아 주신다고 합니다. 그런데 예수 그리스도의 피로 죄 사함 받은 자들을 일컬어 하나님의 아들들이라고 합니다.

이렇게 예수 그리스도의 피로 구속을 받아 하나님의 아들이 된 자들은 그의 나라에서 그의 은혜의 영광을 찬미하게 되는 것입니

다. 한마디로 예수님이 자기 백성을 구원하신다는 것입니다. 이것이 창세 전 언약입니다.

예수님은 세상에 왜 오셨습니까? 하나님의 아들들을 낳기 위함입니다. 어떻게 낳았습니까? 자신의 죽음으로 낳았습니다. 이것을 예수님은 한 알의 밀이 땅에 떨어져 죽으면 많은 열매를 맺는다고 비유적으로 말씀해 주셨습니다. 예수님은 한 알의 밀알로 이 땅에 오셔서 죽으심으로 수많은 밀알들을 생산해 내셨습니다.

하나님이 예수님을 세상에 보내어 하나님의 아들들을 낳게 하신 것입니다. 예수로 인해 낳게 되는 하나님의 아들들은 이미 창세 전에 예정이 되어 있습니다. 이들을 어린 양의 생명책에 녹명이 된 영생 주시기로 작정이 된 자들이라고 합니다. 녹명이 되었다는 것은 녹명되지 않은 자를 배경으로 하는 말입니다. 이러면 창세 전에 하나님이 두 부류의 사람을 창조하셨음을 볼 수 있습니다. 이를 창세기 1장 1절에서는 천지로 의역해서 말씀하고 계신 것입니다.

천지를 의인화(擬人化)하면 하늘 백성과 땅의 백성입니다.

성경은 예수님께서 자기 백성을 구원하는 구속사 이야기입니다. 그러므로 성경이 말하고자 하는 창조는 단순하게 하늘과 땅을 창조하셨다는 것이 아니라, 예수님이 이 세상에 오셔서 하늘에 속한 백성과 땅에 속한 백성을 갈라내는 일을 하신다는 것을 말해주고 있는 것입니다.

이 세상에는 하늘에 속한 자와 땅에 속한 자가 서로 섞여서 살아가고 있습니다. 이 모습이 창세기 1장 2절의 흑암 속에 빛이 가두어져 있는 모습입니다. 흑암 속에 빛과 어둠이 있습니다. 이 세상은 흑암입니다.

누가 하늘에 속한 자이고, 누가 땅에 속한 자인지를 모릅니다. 그런데 예수님이 오셔서 갈라내십니다. 예수님이 오셔서 흑암 속에서 빛을 불러내듯이 세상 속에서 자기 백성들을 불러내십니다. 그럼 너희와 저희로 갈라지게 됩니다. 초림으로 오셔서는 영적으로 갈라내시고, 재림으로 오셔서는 하늘에 속한 자는 하늘로 데려가시고, 땅에 속한 자는 그대로 땅에 두는 것으로 갈라내십니다. 이렇게 갈라지는 심판의 일을 창세기에서는 창조 이야기로 말해 주고 있습니다.

그래서 창세기 1장 1절에서는 "태초에 천지를 창조하시니라"라고 하시고는, 2절에서는 "땅이 혼돈하고 공허하며 흑암이 깊음 위에 있다"라고 말해 주고 있으며, 3절 이후부터는 갈라내고 채우는 일을 하시는 것입니다. 다 갈라지고 채워지면 안식하게 됩니다.

흑암 속에서 빛을 빼내는 것이 예수님이 이 땅에서 하시는 창조입니다. 흑암은 죄와 죽음을 상징합니다. 그러므로 흑암에서 나오는 것은 죄와 사망으로부터 건짐 받는 구원을 의미하는 것입니다. 예수님이 죄와 사망 속에서 빛의 아들들을 빼내시는 구원이 이 세상에서 일어나는 것입니다.

빛의 아들들이 언약의 후손입니다. 이를 아브라함의 자손이라고 합니다. 예수님은 언약의 후손만 구원해 내십니다.

히브리서 2장 14-16절을 보십시오.

"[14]자녀들은 혈육에 함께 속하였으매 그도 또한 한 모양으로 혈육에 함께 속하심은 사망으로 말미암아 사망의 세력을 잡은 자 곧 마귀를 없이 하시며 [15]또 죽기를 무서워하므로 일생에 매여 종 노릇 하는 모든 자들을 놓아주려 하심이니 [16]이는 실로 천사들을 붙들어 주려 하심이 아니요 오직 아브라함의 자손을 붙들어 주려 하심이라"

하나님의 자녀가 사망의 세력에 붙잡혀 있습니다. 이에 예수님이 오셔서 일생에 매여 사망의 종 노릇 하던 자들을 놓아주십니다. 그들이 누구인가 하면 아브라함 자손입니다. 아브라함 자손은 창세 전 언약에 의하면 어린양의 생명책에 녹명이 된 자들로서 영적 이스라엘을 말합니다.

하나님이 만물을 창조하신 것은 창세 전 언약을 위해서라고 했습니다. 그러면 역사 속에서 창세 전 언약이 완성되어야 할 것입니다. 예수 그리스도께서 자기 백성을 죄에서 건져내어 그의 은혜의 영광을 찬미하는 것까지 이 세상 속에서 이루어져야 하는 것입니다.

죄 아래 빠지는 것도 역사 속에서 일어나고, 죄에서 구원을 받는 것도 역사 속에서 일어나고, 그의 은혜의 영광을 찬미하는 일도 역사 속에서 일어나야 하는 것입니다. 창세 전 언약이 담고 있는 내용인 타락과 구원과 영광, 이 모두가 이 세상이라는 역사 속에서 일어나야 하는 것입니다.

성경은 하나님이 역사 속에서 하신 일을 증거하고 있습니다.

창세기 1장 1절부터 요한계시록 22장 21절까지 다 역사 속에서 일어나는 이야기입니다. 창세기 1장 1절에서 태초에 하나님이 역사 속에 개입하셔서 요한계시록 22장 21절까지 일하시고 역사 밖으로 나가십니다. 그림으로 그리면 〈태초 - 역사 - 태초〉가 됩니다. 창세기 1장 1절부터 시작이 된 창세 전 언약이 지금은 요한계시록 후반부까지 왔습니다. 창세 전 언약이 죄 아래서 종노릇 하던 자가 예수 그리스도의 피로 거룩하고 흠이 없게 되어서 하나님의 아들의 지위를 회복하여서 그의 나라에서 그의 은혜의 영광을 찬미하는 것으로 되어 있습니다. 이게 역사 속에서 일어납니다. 지금은 그 끝이 다가오는 시점입니다.

창세 전 언약은 시작과 끝이 있는 역사 속에서 펼쳐지기 때문에 점진적으로 이루어지게 됩니다. 성도의 구원도 점진적으로 이루어집니다. 과거 구원과 현재 구원과 미래 구원으로 이루어집니다. 과거적으로 이미 일어난 사건도 있고, 현재 이루어지고 있는 사건도 있고, 장차 이루어져야 하는 사건들도 있습니다.

로마서 8장 29-30절을 봅시다.

"29하나님이 미리 아신 자들로 또한 그 아들의 형상을 본받게 하기 위하여 미리 정하셨으니 이는 그로 많은 형제 중에서 맏아들이 되게 하려 하심이니라 [30]또 미리 정하신 그들을 또한 부르시고 부르신 그들을 또한 의롭다 하시고 의롭다 하신 그들을 또한 영화롭게 하셨느니라"

미리 아신 자를 부르시고, 부르신 자를 의롭다 하시고, 의롭다 하신 자를 영화롭게 하신다고 합니다. 미리 아심은 과거이고, 의롭다 하심은 현재이고, 영화롭게 하는 것은 미래입니다. 그래서 성경은 성도의 구원을 3시제로 말하고 있는 것입니다.

이미 '구원을 받았다'라고 '과거 시제'로 말하고 있고, 지금 '구원을 이루어간다'라는 '현재 시제'로 말하고 있고, 장차 '구원을 받을 것이다'라는 '미래 시제'로 말하고 있습니다. 과거 구원과 현재 구원과 미래 구원 모두가 이 역사 속에서 일어나는 것입니다.

창세기 1장의 창조 사건으로 말하면 과거 구원은 첫째 날부터 셋째 날까지 갈라짐을 당하는 것이고, 현재 구원은 넷째 날부터 여섯째 날까지 채워짐을 당하는 것이고, 미래 구원은 일곱째 날 안식하는 것입니다. 그런데 이 모두가 이 역사 속에서 일어나는 것입니다. 그러므로 우리의 구원이 과거적으로 이미 일어난 사건도 있고, 현재 이루어져 가고 있는 사건도 있고, 장차 이루어져야 하는 사건으로 나타나게 되는 것입니다.

이처럼 미리 정하신 자를 부르시고, 부르신 그를 의롭다 하시고, 의롭다 하신 그를 영화롭게 하는 모든 일들이 이 역사 속에서 일어난다는 뜻입니다.

창세 전 언약이 그렇게 되어 있습니다. 죄 아래서 종 노릇 하던 자가 예수 그리스도의 피로 거룩하고 흠이 없게 되어서 하나님의 아들의 지위를 회복하여 그의 나라에서 그의 은혜의 영광을 찬미하는 것으로 되어 있습니다. 이것이 역사 속에서 일어납니다.

천지가 창조된 것은 역사적 사실입니다. 그리고 우리가 예수의 피로 구원받는 것도 역사적 사실입니다. 그러면 구원받은 자가 하나님의 아들이 되어서 그의 은혜의 영광을 찬미하는 것도 역사 속에서 일어나야 하는 사실이어야 할 것입니다.

창세 전에 말씀으로 계셨던 하나님이 육신을 입고 이 땅에 오신 것은 사실입니다. 그렇다면 만물을 창조하신 하나님이 왜 오셨습니까? 자기 백성들을 거룩하고 흠이 없는 새로운 피조물로 창조하려고 오셨습니다.

어떻게 거룩하고 흠이 없게 된다고 하셨습니까? 그의 피로 된다고 하였습니다. 그래서 예수님이 십자가에 죽으신 것입니다.

예수님이 십자가에 죽으심은 역사적인 사건입니다. 그러면 자기 백성들이 예수님의 피로 죄 사함을 받는 것도 역사적 사건으로 나타나야 합니다. 이것을 실제화하기 위해서 성령이 우리 가운데 오신 것입니다. 성령이 그 안에 와 계신 성도는 구원을 실제로 여기고 살아갑니다. 비록 죄의 몸으로 살고 있지만 그리스도 안에서 결코 정죄함 없이 살아가고 있습니다. 믿음이 뭐냐? 예수의 피로 죄사함 받은 자로 살아가는 것입니다.

창세 전 언약 속에는 두 언약이 쌍둥이처럼 있습니다.

죄 아래 가두어지는 언약이 있고 죄에서 건짐 받는 언약이 있습니다. 이를 옛 언약과 새 언약이라고 합니다. 구약과 신약입니다. 율법과 은혜입니다. 율법은 죄아래 가두는 언약이고 은혜는 죄에서 건져내는 언약입니다. 율법은 선악과를 상징하고 은혜는 생명과를 상징합니다.

그런데 죄 아래 가두는 율법이 먼저 주어지고 죄에서 건져지는 은혜가 나중에 주어집니다. 이것은 창세 전 언약이 죄에서 건져지는 것으로 되어 있기 때문입니다. 그래서 구약은 죽음의 역사로 끝이 나고 신약은 예수님이 오셔서 죽은 자들을 살리는 것으로 시작을 하는 것입니다.

14
무덤 속에 들려오는 하나님의 음성

예수님이 이 세상에 오신 것은 죄와 사망 가운데 갇혀 있는 자기 백성들을 구원하시기 위함입니다. 예수님이 자기 백성들을 부르십니다. 그러면 자기 백성들은 그의 음성을 듣고 나옵니다.

요한복음 5장 19-29절을 봅시다.

“19그러므로 예수께서 저희에게 이르시되 내가 진실로 진실로 너희
에게 이르노니 아들이 아버지의 하시는 일을 보지 않고는 아무것도
스스로 할 수 없나니 아버지께서 행하시는 그것을 아들도 그와 같이
행하느니라 20아버지께서 아들을 사랑하사 자기의 행하시는 것을 다
아들에게 보이시고 또 그보다 더 큰 일을 보이사 너희로 기이히 여기
게 하시리라 21아버지께서 죽은 자들을 일으켜 살리심같이 아들도 자
기의 원하는 자들을 살리느니라 22아버지께서 아무도 심판하지 아니
하시고 심판을 다 아들에게 맡기셨으니 23이는 모든 사람으로 아버지
를 공경하는 것같이 아들을 공경하게 하려 하심이라 아들을 공경치

아니하는 자는 그를 보내신 아버지를 공경치 아니하느니라 [24]내가 진
실로 진실로 너희에게 이르노니 내 말을 듣고 또 나 보내신 이를 믿
는 자는 영생을 얻었고 심판에 이르지 아니하나니 사망에서 생명으
로 옮겼느니라 [25]진실로 진실로 너희에게 이르노니 죽은 자들이 하나
님의 아들의 음성을 들을 때가 오나니 곧 이때라 듣는 자는 살아나
리라 [26]아버지께서 자기 속에 생명이 있음같이 아들에게도 생명을 주
어 그 속에 있게 하셨고 [27]또 인자 됨을 인하여 심판하는 권세를 주
셨느니라 [28]이를 기이히 여기지 말라 무덤 속에 있는 자가 다 그의
음성을 들을 때가 오나니 [29]선한 일을 행한 자는 생명의 부활로 악한
일을 행한 자는 심판의 부활로 나오리라"

예수님은 내가 이 세상에 온 것은 아버지의 뜻을 행하고자 함이라고 합니다. 그러면서 예수님은 자신은 아버지가 하는 일을 보고 그대로 한다고 하십니다. 아버지가 무슨 일을 하는가 하면 죽은 자를 살리는 일을 하시는 것입니다.

아버지께서 그 일을 아들에게 맡기셨습니다. 아버지께서 자기 속에 있는 생명을 아들에게 주어서 아버지께서 창세 전에 영생 주시기로 작정된 자들에게 주어서 살려내라고 하셨습니다. 이에 예수님이 죄와 사망이라는 동네인 이 세상에 오셔서 자기 백성들을 불러내시는 것입니다. 이것을 무덤 속에 있는 자들이 다 그의 음성을 들을 때가 온다고 말씀하고 있는 것입니다.

예수님이 이 세상에서 천국 복음을 외치시면 선한 일을 행한 사

람은 생명의 부활로 나오고, 악한 일을 행한 자는 심판의 부활로 나아온다고 합니다. 이 세상은 죽은 자들이 살아가는 무덤입니다.

무덤 속에는 두 부류의 사람이 있습니다.

선한 일을 행한 사람과 악한 일을 행한 사람이 있습니다. 이는 선에 속한 사람과 악에 속한 사람이라는 뜻입니다. 즉 어린양의 생명책에 녹명된 자와 녹명되지 않은 자를 말합니다. 이것을 요한복음 10장에서는 내 양과 다른 양이라고 하였습니다.

그런데 이 둘은 예수님이 오시기 전까지는 함께 섞여 있었습니다. 마치 창세기 1장 2절처럼 흑암 속에 빛이 있는 것과 같습니다. 흑암 속에 있던 빛이 하나님의 말씀을 듣고 어둠 밖으로 나오듯이, 예수님이 무덤 속에 있는 자들에게 소리를 치시면 빛에 속한 자가 어둠을 찢고서 나오게 됩니다. 그러면 자연히 빛에 속한 자와 어둠에 속한 자가 분리가 되는 것입니다. 이것을 심판이라고 합니다. 아버지가 아들에게 심판하는 권세를 주셨습니다. 그래서 예수님이 나는 세상을 심판하러 왔다고 하신 것입니다.

선한 일을 행한 자라는 말은 이들이 착한 일을 했다는 것이 아닙니다. 선하신 분은 하나님 한 분뿐이시므로 이들은 하나님께 속한 사람이라는 뜻입니다. 그래서 생명의 부활로 나아오는 것입니다. 예수님은 이렇게 나온 자들에게 아버지로부터 받아온 생명을 공급해 주시는 것입니다. 그러면 자동적으로 예수님에게 속하지 아니한 자들은 악한 자인 사단에게 속한 어둠의 아들로서 심판을 당하게 되는 것입니다. 이것을 심판의 부활이라고 합니다.

창세기 1장 2절에서 어둠 속에서 빛을 불러내면 그 자체가 심판입니다. 빛은 구원을 받는 것이고, 어둠은 심판을 당하는 것입니다. 그래서 빛의 동네를 낮이라 하고, 어둠의 동네를 밤이라고 하는 것입니다. 빛을 의인화하면 빛의 아들들입니다. 빛의 아들들이 사는 동네를 낮이라 하고, 어둠의 아들들이 사는 동네를 밤이라고 합니다. 이것이 지금은 교회와 세상으로 구분이 됩니다. 교회는 빛의 아들들이 모이는 낮이고, 세상은 어둠의 아들들이 살아가는 밤입니다.

교회를 일컬어 불러냄을 입은 자들이 모인 곳이라고 합니다.

어둠으로부터 불러냄을 입었기 때문에 불러냄을 입은 자들이 모인 교회가 낮인 것입니다. 그래서 성도를 빛의 아들이라고 하고 낮에 속한 자라고 하는 것입니다. 이는 어디까지나 영적인 것입니다. 그러나 예수님이 재림하시면 실제적으로 구분이 됩니다.

예수님이 재림하시면 어둠이라는 이 세상에서 빛의 나라로 빼내시는 것입니다. 그곳이 예수님이 재림하시면서 몰고 오는 하늘로서 내려오는 새 하늘과 새 땅인 것입니다.

새 하늘과 새 땅인 천년 왕국이 낮인 것입니다. 빛의 아들들은 낮의 동네인 새 하늘과 새 땅으로 옮겨가서 천 년 동안 안식을 하게 됩니다. 그러나 어둠의 아들들인 이 세상에 속한 자들은 유황불 못인 밤이라는 이 땅에서 천 년 동안 심판을 받게 되는 것입니다.

이렇게 될 때 요한복음 5장에서 말씀하신 무덤 속에 있는 자들이 하나님의 아들의 음성을 듣고 완전히 갈라지는 일이 실제로 이루어지게 되는 것입니다.

예수님의 초림은 영적으로 이루어졌지만 예수님이 재림하시면 실제적으로 이루어집니다. 예수님께서 자기 백성들을 새 하늘과 새 땅으로 옮겨가시게 되면 이 땅이 유황불 못 지옥이 되는 것입니다. 예수님이 재림하시면 자기 백성과 자기 백성 아닌 자들을 양과 염소처럼 갈라내서 각각 창세로부터 예비된 곳에 두십니다. 자기 백성들이 사는 곳을 하늘에 있는 천년 왕국이라고 하고 자기 백성 아닌 자들이 사는 곳을 이 땅 유황 불 못이라고 합니다.

15
창세 전 언약과 7일 창조

이 세상은 창세 전 언약을 위하여 창조되었습니다. 그러므로 창조 7일 속에는 창세 전 언약이 이 세상에서 어떻게 진행이 되고 어떻게 완성이 되는지가 담겨져 있습니다.

하나님은 7일 동안 천지를 창조하셨습니다. 7일은 역사 전체를 말합니다. 그러면 7일 속에 있는 모든 날들은 역사 속에서 일어나야 할 것입니다. 그러면 첫째 날부터 일곱째 날까지를 예수님이 역사 속에서 하셔야 합니다.

7일간의 창조는 역사 속에서 일어나는 창세 전 언약의 완성을 보여주고 있습니다. 그러므로 7일간의 천지창조 속에는 천년 왕국을 예표하는 날이 담겨져 있어야 하는 것입니다. 천지 창조가 며칠간 일어났습니까? 7일간입니다. 일곱째 날 안식일까지가 역사 속에서 일어나는 창조입니다. 일곱째 날은 모든 일을 다 하신 후에 쉬는 날이지만 7일 창조에 속한 날입니다. 그러면 7일간의 천지창조 속에 천년 왕국이 어떻게 담겨져 있는지를 살펴보십시다.

7일 창조를 보면 3텀으로 나누어져 있음을 보게 됩니다.

첫째 텀은, 3일은 갈라내는 일을 하셨고,
둘째 텀은, 3일은 채우는 일을 하십니다.
셋째 텀은, 일곱째 날에 안식하셨습니다.

이는 예수님의 세 가지 사역과 같습니다.

첫째 텀인 갈라내는 것은, 예수님이 육체로 오셔서 죄와 사망 가운데 있는 자들을 빼내는 구원을 하시는 것입니다. 이것은 예수님의 초림으로 이루십니다.

둘째 텀인 채우는 것은, 죄와 사망으로부터 건져진 자들에게 의와 거룩으로 채우는 일을 하시는 것입니다. 이것은 예수님이 부활하신 후 성령으로 우리 가운데 오셔서 하시는 일입니다.

셋째 텀인 모든 일을 다 하시고 쉬신 것은, 장차 예수님이 재림을 하시면 일어납니다. 이것은 천년 왕국에서 안식을 누리는 것으로 나타납니다.

창조 7일은 예수님이 역사 속에서 하시는 일을 다 함축하고 있습니다. 그러면 예수님께서 이 세상에서 엿새 동안 갈라내고 채우는 일을 하시고, 일곱째 날에는 쉬는 일이 있어야 할 것입니다. 그 일곱째 안식하는 날이 바로 천년 왕국입니다.

일곱째 날 안식일이 이 세상에 속한 날이라고 한다면, 일곱째 날을 상징하는 천년 왕국도 이 세상 속에서 주어지는 날이어야 하는 것입니다. 그럴 때 예수님이 역사 속에서 창세 전 언약을 완성하게 되는 것입니다. 태초에 말씀으로 계시던 그 하나님이 예수라는 이름으로 육신을 입고 이 세상에 오셔서 하신 일이 다 완성이 되는 것입니다.

두 가지 구원이 있습니다.

첫째는, 죄와 사망으로부터 건짐 받는 영적인 구원이고,
둘째는, 이 세상으로부터 빼내심을 받는 육적인 구원이 있습니다.

죄와 사망으로부터 건져지는 구원은 영적인 것으로 상태적인 구원이고, 몸이 이 세상으로부터 탈출하는 것은 실제적인 것으로 장소적인 구원입니다. 그래서 사도 바울은 우리 구원의 최종 지점은 몸의 구속이라고 하였습니다.

예수님의 초림은 영의 구원을 위함이고, 예수님의 재림은 영의 구원을 받은 자들에게 몸의 구원을 주시기 위한 것입니다. 그러므로 예수님이 재림하시게 되면 영과 육이 다 구원을 받게 되는 몸의 구속이 이루어지게 되는 것입니다. 이렇게 영과 육이 다 구원을 받은 자들이 어린양과 더불어 살아가는 곳이 천년 왕국입니다.

천년 왕국은 영적인 것이 아닙니다. 실제로 이 역사 속에서 일어나야 하는 장소적인 것입니다. 천년 왕국이 역사 속에서 일어나야 창세기 1장의 첫째 날부터 일곱째 날 안식하는 것까지가 역사 속에서 완성이 되는 것입니다.

지금은 엿새가 다 끝나가는 때입니다.

예수님이 재림하실 때가 되었습니다. 예수님이 재림하시면 일곱째 날 안식하는 그날을 천년 왕국에서 맞이하게 됩니다. 구원은 타락에서 건짐 받아서 그 나라에서 그의 은혜의 영광을 찬미하는 자리까지입니다. 그러므로 그가 만든 나라에서 그의 은혜의 영광을 찬미하는 것까지 이 역사 속에서 이루어져야 하는 것입니다.

16
실상과 모형, 원본과 복사본

보이는 세계와 보이지 않는 세계가 있습니다.

히브리서 11장 1-3절을 봅시다.

> "[1]믿음은 바라는 것들의 실상이요 보지 못하는 것들의 증거니 [2]선진들이 이로써 증거를 얻었느니라 [3]믿음으로 모든 세계가 하나님의 말씀으로 지어진 줄을 우리가 아나니 보이는 것은 나타난 것으로 말미암아 된 것이 아니니라"

보이는 것은 나타난 것으로 말미암아 된 것이 아니라고 합니다. 무슨 말이냐 하면, 보이는 이 세상은 보이지 않는 세상으로부터 말미암은 것이라는 뜻입니다. 보이는 이 세상은 역사이고, 보이지 않는 세상은 '태초'라는 하나님 나라를 말합니다. 그러면 보이는 이 역사는 보이지 않는 '태초'라는 하나님 나라로 말미암았다는 뜻입니다.

보이지 않는 하나님 나라가 원형이고, 보이는 이 세상은 모형입니다. 이를 편의상 원본과 복사본으로 이야기합니다. 보이지 않는 하나님 나라가 원본이고, 보이는 이 세상은 복사본입니다.

하나님은 보이는 이 세상에서 보이지 않는 하나님 나라에서 계획한 일을 하고 계시는 것입니다. 이것을 믿음의 눈으로 보면 보입니다. 믿음의 눈으로 보면 역사 속에서 일어나는 모든 일들은 모두가 보이지 않는 나라에서 조종하고 있음이 됩니다. 세상이 독자적으로 움직여지는 것이 아니고 하늘의 지시에 따라서 움직여지고 있는 것입니다.

요한계시록 6장 1-17절을 봅시다.

"1내가 보매 어린양이 일곱 인 중에 하나를 떼시는 그때에 내가 들
으니 네 생물 중에 하나가 우레 소리같이 말하되 '오라' 하기로 2내가
이에 보니 흰 말이 있는데 그 탄 자가 활을 가졌고 면류관을 받고 나
가서 이기고 또 이기려고 하더라 3둘째 인을 떼실 때에 내가 들으니
둘째 생물이 말하되 '오라' 하더니 4이에 붉은 다른 말이 나오더라 그
탄 자가 허락을 받아 땅에서 화평을 제하여 버리며 서로 죽이게 하고
또 큰 칼을 받았더라 5셋째 인을 떼실 때에 내가 들으니 셋째 생물이
말하되 '오라' 하기로 내가 보니 검은 말이 나오는데 그 탄 자가 손
에 저울을 가졌더라 6내가 네 생물 사이로서 나는 듯하는 음성을 들
으니 가로되 한 데나리온에 밀 한 되요 한 데나리온에 보리 석 되로
다 또 감람유와 포도주는 해치 말라 하더라 7넷째 인을 떼실 때에 내

가 넷째 생물의 음성을 들으니 가로되 '오라' 하기로 8내가 보매 청황
색 말이 나오는데 그 탄 자의 이름은 사망이니 음부가 그 뒤를 따르
더라 저희가 땅 사분 일의 권세를 얻어 검과 흉년과 사망과 땅의 짐
승으로써 죽이더라 9다섯째 인을 떼실 때에 내가 보니 하나님의 말씀
과 저희의 가진 증거를 인하여 죽임을 당한 영혼들이 제단 아래 있
어 10큰 소리로 불러 가로되 거룩하고 참되신 대주재여 땅에 거하는
자들을 심판하여 우리 피를 신원하여 주지 아니하시기를 어느 때까
지 하시려나이까 하니 11각각 저희에게 흰 두루마기를 주시며 가라사
대 아직 잠시 동안 쉬되 저희 동무 종들과 형제들도 자기처럼 죽임을
받아 그 수가 차기까지 하라 하시더라 12내가 보니 여섯째 인을 떼실
때에 큰 지진이 나며 해가 총담같이 검어지고 온 달이 피같이 되며
13하늘의 별들이 무화과나무가 대풍에 흔들려 선 과실이 떨어지는 것
같이 땅에 떨어지며 14하늘은 종이 축이 말리는 것같이 떠나가고 각
산과 섬이 제자리에서 옮기우매 15땅의 임금들과 왕족들과 장군들과
부자들과 강한 자들과 각 종과 자주자가 굴과 산 바위틈에 숨어 16산
과 바위에게 이르되 우리 위에 떨어져 보좌에 앉으신 이의 낯에서와
어린양의 진노에서 우리를 가리우라 17그들의 진노의 큰 날이 이르렀
으니 누가 능히 서리요 하더라"

일곱 인으로 인봉한 책이 있습니다. 그 책을 어린양이 취합니다. 어린양이 천상에서 인봉된 것을 하나씩 떼자 각색의 말들이 뛰니다. 어린양이 말들을 오라고 부릅니다. 그러자 말들이 세상으로 뛰

기 시작합니다. 말들이 뛰자 세상 속에서 적그리스도의 미혹과 전쟁과 기근과 지진과 온역과 난리와 각양의 사건들이 일어납니다.

이는 마치 영화감독이 큐 사인을 주면 배우들이 시나리오의 내용들을 각각의 연기들로 펼쳐내는 것과 같습니다. 그러면 드라마가 이루어집니다. 이 세상이 그러합니다. 어린양의 큐 사인에 의하여 다스려지고 있습니다. 왜냐하면 이 역사의 주인이 바로 어린양이기 때문입니다.

어린양이 때를 따라서 일을 하십니다. 이 세상은 하늘의 지시에 따라서 움직여지고 있는 것입니다. 어린양의 책이 시나리오이고, 이 세상 역사는 드라마인 것입니다. 6장은 이 세상 역사 전반을 함축해서 보여주고 있습니다. 이렇게 되면 어린 양의 책이 세상을 움직이게 하는 원본이고 이 세상에 나타나는 것은 복사본인 것입니다.

모세가 성막을 짓습니다. 그러면서 하는 말이 이 성막은 하늘에 있는 식양을 따라서 만든 것이라고 합니다. 성막을 일컬어 하나님의 처소라고 합니다. 이렇게 되면 하늘에 있는 하나님의 집이 원본이고, 땅에 있는 성막은 복사본이 되는 것입니다. 세상에 있는 것은 하늘에 있는 것을 예표하는 것으로서 존재하는 것입니다.

바울도 죄 아래 있는 바울과 죄를 벗어난 바울이 있습니다. 삼층천에 올라간 바울은 죄를 벗어난 하늘에 속한 바울이고, 이 세상에 있는 바울은 죄 아래 있는 땅에 속한 바울입니다. 이는 바울이 두 명이라는 말이 아니고 흙에서 난 바울이 구원을 받아서 장차 삼층천으로 갈 것을 미리 보여주고 있는 것입니다.

'땅의 장막'과 '하늘의 장막' '두 몸'이 있습니다.

고린도후서 5장 1-9절을 봅시다.

"[1]만일 땅에 있는 우리의 장막 집이 무너지면 하나님께서 지으신 집
곧 손으로 지은 것이 아니요, 하늘에 있는 영원한 집이 우리에게 있
는 줄 아나니 [2]과연 우리가 여기 있어 탄식하며 하늘로부터 오는 우
리 처소로 덧입기를 간절히 사모하노니 [3]이렇게 입음은 벗은 자들로
발견되지 않으려 함이라 [4]이 장막에 있는 우리가 짐 진 것같이 탄식
하는 것은 벗고자 함이 아니요, 오직 덧입고자 함이니 죽을 것이 생
명에게 삼킨 바 되게 하려 함이라 [5]곧 이것을 우리에게 이루게 하시
고 보증으로 성령을 우리에게 주신 이는 하나님이시니라 [6]이러므로
우리가 항상 담대하여 몸에 거할 때에는 주와 따로 거하는 줄을 아
노니 [7]이는 우리가 믿음으로 행하고 보는 것으로 하지 아니함이로라
[8]우리가 담대하여 원하는 바는 차라리 몸을 떠나 주와 함께 거하는
그것이라 [9]그런즉 우리는 거하든지, 떠나든지 주를 기쁘시게 하는 자
되기를 힘쓰노라"

육신의 장막이 무너지면 하늘로부터 오는 장막을 덧입게 된다고 합니다. 이는 땅에서 사는 몸이 있고, 하늘에서 사는 몸이 따로 있

다는 것입니다. 몸이 둘이란 말이 아니고 땅에서 살아가는 몸은 흙에서 난 몸이고, 하늘에서 살아갈 몸은 하늘로서 거듭난 몸이어야 한다는 뜻입니다. 땅에서 사는 몸이 죽으면 하늘에서 사는 몸으로 갈아입는다고 합니다. 그러니 죽음을 슬퍼하지 말라고 합니다.

땅의 몸으로는 하늘에서 살 수 없습니다. 살아가는 원리와 속성이 다르기 때문입니다. 마치 법의 사람이 은혜의 나라에서 살 수가 없는 것과 같습니다. 그래서 장차 예수님이 재림하시면 땅에서 난 몸을 하늘의 몸으로 바꿔주는 것입니다. 성경은 이를 예수님이 재림하실 때 우리의 썩을 몸이 썩지 아니하는 몸으로 변화된다고 말씀합니다. 홀연히 변화된다고 합니다.

때가 되면 흙에서 난 것은 흙으로 돌려주고 하늘의 몸을 덧입게 됩니다. 우리의 육신의 장막이 무너지면 창세 전에 계획된 그 몸으로 덧입게 되는 것입니다. 그러므로 현재의 우리 몸은 장차 입게 될 몸의 복사본과도 같은 것입니다.

바울은 삼층천에 다녀온 후 빨리 육신의 장막을 벗기를 소원하였습니다. 천국을 보고 오니 이 세상을 빨리 떠나고 싶은 겁니다. 그곳이 너무도 황홀하기 때문입니다. 그래서 육신의 몸을 벗고 하늘의 몸을 입기를 탄식한다고 하였습니다. 삼층천에 간 바울은 장차 육신의 장막을 벗고 난 후 하늘의 장막을 덧입는 모습을 보여주고 있는 것입니다.

하나님 나라도 마찬가지입니다. 하늘에 원본인 하나님 나라가 있습니다. 이 나라는 이 세상 바깥에 있는 나라로서 보이지 않는 나라입니다. 그러면 이 세상에도 보이지 않는 나라를 예표하는 복사본의 나라가 있어야 할 것입니다. 하늘에 있는 보이지 않는 하나님 나라의 복사본이 이 세상에서는 천년 왕국입니다. 여기서 이 세상이라는 말은 예수님이 재림하실 때 몰고 오는 새 하늘과 새 땅을 말합니다. 예수님이 재림하시면 성도는 이 땅에서 공중으로 빼내심을 입습니다.

그 공중도 피조에 속한 세상입니다. 그러므로 두 세상이 있는 셈입니다. 현재 우리가 발 딛고 사는 이 세상과 예수님이 재림하실 때 몰고 오는 새 하늘과 새 땅인 세상입니다. 새 하늘과 새 땅도 피조에 속한 땅입니다.

새 하늘과 새 땅은 영원한 하나님 나라를 예표하는 세상입니다. 즉 하늘에 있는 영원한 천국을 예표하는 이 세상 속의 천국인 것입니다. 하늘에 있는 원본인 하나님 나라도 천국이고, 이 세상에 속한 천년 왕국도 비록 복사본이지만 천국입니다.

원본과 복사본 이걸 잘 이해하세요.

그동안 천년 왕국을 제대로 이해하지 못한 것은 이 사실을 몰랐기 때문입니다. 이것을 모르면 다양한 학설의 이상한 천년 왕국론이 나타나게 되는 것입니다. 원본과 복사본 이것을 놓치지 마십시오.

천년 왕국은 보이지 않는 영원한 천국인 하나님 나라를 예표하고 있습니다. 요한계시록이 말하는 천국이 바로 이 세상에 속한 하나님 나라인 천년 왕국인 것입니다. 요한계시록에서 말하는 새 하늘과 새 땅은 원본인 영원한 천국인 하나님 나라가 아닙니다. 하나님 나라를 상징하는 복사본의 천국인 것입니다.

그래서 요한계시록에서는 새 하늘과 새 땅을 하늘로서 내려오는 거룩한 성이라고 하는 것입니다. 이는 하늘에 감추어져 있다가 예수님이 몰고 오는 것입니다. 아담과 하와가 범죄하자 하나님은 에덴동산에서 추방을 합니다. 그리고 에덴동산을 감추어버립니다. 아담과 하와가 실제 하는 인물이듯이 그들이 살았던 에덴동산도 역사 속에 실제 하는 땅입니다. 그러나 지금까지 감추어져 있습니다. 예수님이 재림하시면 나타납니다. 그것이 하늘로서 내려오는 새 하늘과 새 땅입니다.

요한계시록은 역사 속에서 일어나는 것을 말하고 있습니다. 그러므로 요한계시록이 말하는 새 하늘과 새 땅도 피조에 속한 땅인 것입니다. 창세 전 언약은 역사 속에서 이루어지는 것입니다. 그러면 요한계시록의 천국도 역사 속의 천국이 되어야 하는 것입니다. 그래서 요한계시록의 천국 끝에 사단의 미혹과 백보좌 심판이 있는 것입니다.

창조는 어떤 원인에 의하여 나타난 것입니다.

창세 전 언약이라는 원인이 만물을 창조하게 한 것입니다. 우리는 원인 속에 있는 하나님 나라는 알 수가 없습니다. 다만 복사본 속에 나타난 하나님 나라를 통해서 원본인 영원한 하나님 나라를 보게 되는 것입니다. 그러므로 보이는 역사 속에서 이루어지는 하나님 나라인 천년 왕국은 창세 전이라는 태초에 있는 보이지 않는 하나님 나라를 설명하고자 주어진 예표가 되는 것입니다.

창조에 속한 일곱째 날 안식일인 천년 왕국이 지나면 여덟째 날에 속한 이 세상 바깥에 있는 안식의 나라인 태초에 하나님이 계시던 그 나라로 돌아가게 되는 것입니다. 이것을 일곱째 날 안식일을 지나서 여덟째 날 안식일로 나아간다고 합니다.

17
일곱째 날을 지나서 여덟째 날로

성경에서는 창조에 속한 일곱째 날 안식일 이후에 이 세상 바깥에 있는 하나님 나라에서 주어지는 영원한 안식의 세계를 여덟째 날 '거룩한 대회'로 모이는 '큰 안식일'이 있다는 것으로 말해 주고 있습니다. 이것이 이스라엘의 7대 절기 속에 담겨져 있습니다.

레위기 23장 33-38절과 민수기 29장 35절을 보십시오.

"33여호와께서 모세에게 일러 가라사대 34이스라엘 자손에게 고하여
이르라 칠월 십오일은 초막절이니 여호와를 위하여 칠일 동안 지킬
것이라 35첫 날에는 성회가 있을지니 너희는 아무 노동도 하지 말지
며 36칠일 동안에 너희는 화제를 여호와께 드릴 것이요 제 팔일에도
너희에게 성회가 될 것이며 화제를 여호와께 드릴지니 이는 '거룩한
대회'라 너희는 아무 노동도 하지 말지니라 37이것들은 여호와의 절기
라 너희는 공포하여 성회를 삼고 번제와 소제와 희생과 전제를 각각
그날에 여호와께 화제로 드릴지니 38이는 여호와의 안식일 외에, 너

희의 헌물 외에, 너희의 모든 서원 예물 외에, 너희의 모든 낙헌 예물 외에 너희가 여호와께 드리는 것이니라"(레 23:33-38).

"여덟째 날에는 '장엄한 대회'로 모일 것이요 아무 일도 하지 말 것이며"(민 29:35).

이스라엘의 7대 절기는 예수님이 이 세상에서 행하시는 구속사를 말해 주고 있습니다. 하나님은 예수님이 하시는 사역을 7대 절기에 담아 놓았습니다. 7대 절기는 봄, 여름, 가을 절기로 되어 있습니다. 봄, 여름, 가을 절기 속에는 예수님의 세 가지 사역을 말해주고 있습니다.

봄 절기는, 예수님의 초림 사역을 말하고, 여름 절기는, 예수님의 부활 후 성령으로 우리 가운데 오셔서 하는 사역을 말하고, 가을 절기는, 예수님의 재림 후 천년 왕국에서 만왕의 왕으로 하실 사역을 말합니다.

예수님에게는 선지자와 제사장과 왕이라는 세 가지 사역이 있습니다.

선지자는, 백성들의 죄를 고발하다가 죽임당하는 사역입니다.

이것은 육체로 오셔서 하시는 과거적 사역입니다.

제사장은, 백성들의 죄를 사해 주는 제사를 대신 드려주고 보호하는 사역입니다.

이는 부활 후 성령으로 우리 가운데 오셔서 하시는 현재적 사역입니다.

왕은, 나라를 통치하고 백성들을 다스리는 사역입니다.

이것은 장차 재림하셔서 만왕의 왕으로서 하시는 미래적 사역입니다.

봄 절기로는, 유월절, 무교절, 초실절이 있고,
여름 절기로는, 칠칠절과 넉 달 농사가 있고,
가을 절기로는, 나팔절과 속죄일과 초막절이 있습니다.

봄 절기는, 과거 사역이고,
여름 절기는, 현재 사역이고,
가을 절기는, 미래 사역입니다.

이것을 성막으로 말하면 뜰과 성소와 지성소로 말할 수 있습니다.

뜰은, 육체로 오셔서 하신 사역이고,
성소는, 성령으로 오셔서 하는 사역이고,
지성소는, 만왕의 왕으로 오셔서 하는 사역을 의미합니다.

이를 장소적 의미로 살펴보면, 세상과 천년 왕국과 영원한 하나님 나라로도 볼 수 있습니다.

뜰은, 보이는 세상을 상징하고,
성소는, 천년 왕국을 상징하고,
지성소는, 영원한 하나님 나라를 상징합니다.

7대 절기는 예수님이 역사 속에서 행하시는 사역 전부를 상징하고 있습니다.

유월절은, 예수님의 죽음을 말하고,
무교절은, 예수님이 무덤 속에 계심을 말하고,
초실절은, 예수님의 부활을 말하고,
오순절은, 성령 강림을 말하는데 이는 예수님이 성령으로 우리 가운데 오심을 말하고,
나팔절은, 예수님의 재림을 말합니다.

예수님이 재림하시고 이 역사가 끝이 날 것 같으면 나팔절 이후에 절기가 없어야 합니다. 그런데 나팔절 이후에 속죄일과 초막절이 있습니다. 속죄일은, 온 민족이 죄에서 완전히 벗어나는 것이고, 초막절은, 죄에서 완전히 벗어난 자들이 그리스도와 함께 장막에 거하는 것입니다. 이렇게 모든 절기가 끝이 나면 여덟째 날 거룩한 대회

인 큰 안식일로 들어가게 되는 것입니다.

하루와 한 주간과 일 년은 역사 전체를 축약하고 있습니다.

하나님은 역사를 하루에 담아놓으셨습니다. 이 세상은 저녁에서 아침으로 나아가는 일을 매일 반복적으로 순환합니다. 하루가 역사 전체를 함축하고 있는 것입니다.

또 하나님은 하루를 7일로 확대해서 펼쳐놓으셨습니다. 역사는 7일 주간으로 순환을 합니다. 이러면 7일 속에 역사 전체가 함축되어 있음이 됩니다. 하나님은 7일을 다시 1년으로 확대해서 펼쳐놓으셨습니다. 봄, 여름, 가을, 겨울이라는 1년 주기로 순환을 합니다. 이러면 1년이 역사 전체를 축약하고 있는 것입니다.

1년 속에는 7대 절기가 있습니다. 이 7대 절기가 역사 전체를 말해 주고 있는 것입니다. 유월절을 시작해서 초막절까지가 이 세상 속에서 이루어지는 것입니다. 예수님이 재림 후에 초막절을 7일 동안 지킵니다.

레위기 23장을 봅시다.

"칠일 동안에 너희는 화제를 여호와께 드릴 것이요 제 팔일에도 너희에게 성회가 될 것이며 화제를 여호와께 드릴지니 이는 '거룩한 대회'라 너희는 아무 노동도 하지 말지니라"(레 23:36).

7일이 지나고 난 후 여덟째 날을 '거룩한 대회'라고 합니다. 대회(大會)란 '큰 모임' 또는 '큰 날'이라는 뜻입니다. 그래서 여덟째 날 안식일을 '거룩한 대회' 또는 '장엄한 대회'라고 하는 것입니다. 초막절 이후 여덟째 날 거룩한 대회의 날이 바로 창세 전이라는 태초의 하나님 나라인 것입니다.

7대 절기는 일 년입니다. 그러면 초막절이 일 년의 끝인 겁니다. 그래서 초막절 이후에는 절기가 없는 것입니다. 다음 해 봄이 오기까지 긴 안식으로 들어갑니다.

절기가 없다는 것은 역사 바깥이라는 뜻입니다. 그러므로 초막절 이후에 모이는 여덟째 날은 이 역사 바깥을 의미하고 있는 것입니다. 그래서 여덟째 날을 안식하는 날이라 하면서 거룩한 성회라고 하는 것입니다. 거룩이라는 말은 세상 바깥 하나님 나라에서 사용하는 단어입니다. 그러므로 초막절을 지나서 여덟째 날을 거룩한 성회라고 하는 것은 하나님 나라에서의 모임이라는 뜻인 것입니다.

초막절까지가 이 역사에서 일어나는 것입니다.

예수님이 이 역사 속에서 초막절까지 지키시는 것입니다. 초막절에서는 예수님이 만왕의 왕이십니다. 이러면 예수님께서 이 땅에서 하셔야 하는 세 가지 사역이 다 완성이 되는 것입니다. 7대 절기가 예수님이 피조 세계에서 하시는 일을 담고 있으므로 7대 절기가 담고 있는 일들이 피조 세계에서 일어나야 하는 것입니다. 그러므로 유월절부터 초막절까지가 이 세상 속에서 일어나게 되는 것입니다.

7대 절기를 잘 보시면 예수님이 역사 속에서 하시는 일들이 담겨져 있습니다. 유월절과 무교절과 초실절은 예수님이 육체로 오셔서 하신 사역입니다. 칠칠절과 넉 달 농사는 예수님이 부활 후 성령으로 우리 가운데 오셔서 하신 일입니다. 그리고 나팔절, 속죄일, 초막절은 예수님이 재림하신 후에 하시는 사역을 말하고 있습니다. 그러므로 유월절 이후 나팔절 이전까지가 예수님의 초림과 재림 사이에 일어나는 이야기이고, 나팔절 이후 초막절까지가 예수님이 재림하신 후에 일어나는 천년 왕국 이야기가 되는 것입니다.

천년 왕국을 상징하는 초막절도 이 창조에 속한 것입니다. 그래서 초막절을 창조의 수인 7일간을 지내고 나면 창조 바깥의 세계를 상징하는 여덟째 날에 들어가서 거룩한 대회인 큰 안식일에 참예케 되는 것입니다. 이때가 진짜 피조 세계 바깥으로 나아가는 탈 역사가 이루어지게 되는 것입니다. 여덟째 날 거룩한 성회에 참예하는 자들은 세상과 단절된 새로운 피조물들이 되는 것입니다. 완전히 새로운 사람이라는 뜻입니다. 피조에 속한 사람이 피조 바깥의 영생하는 사람으로 바뀌는 것입니다.

이것을 팔일 할례로 보여주었던 것입니다. 태어나서 팔일 만에 받는 할례는 새로운 사람으로 태어나는 것입니다. 엄마 뱃속에서 태어난 자는 7일 창조에 속한 사람이고, 팔일 만에 할례를 받고 새로운 사람으로 거듭나는 사람은 영적으로는 여덟째 날에 속한 사람인 것입니다.

할례는 세례를 상징합니다. 이 세례는 예수 안에서 행해지는 것입니다. 예수 안에서 새롭게 태어난 자들이 이 세상 바깥에 있는 하나님의 나라인 여덟째 날 거룩한 성회에 참예케 되는 것입니다. 예수님이 재림하시면 일곱째 날 안식일을 천 년 동안 누리게 됩니다. 그리고 천 년이 차면 여덟째 날 안식으로 나아가게 되는 것입니다. 여덟째 날 안식의 나라가 바로 우리가 돌아갈 창세 전의 그 나라인 것입니다.

두 안식 세계가 있습니다.

일곱째 날 안식일과, 여덟째 날 안식일이 있습니다. 두 안식일 모두 천국을 상징합니다. 그러면 두 천국이 있음이 됩니다. 일곱째 날에 속한 천국과, 여덟째 날에 속한 천국이 있음이 됩니다.

일곱째 날 안식일은 역사적 사실입니다. 그러면 일곱째 날을 예표하는 안식하는 날도 역사 속에서 나타나야 할 것입니다. 영적이 아니고 실제로 말입니다. 그래야 7일 창조가 완성이 되는 것입니다. 일곱째 날이 천년 왕국으로 나타나는 것입니다.

예수님이 7일 창조를 다 완성하셔야 창세 전 언약이 역사 속에서 다 이루심이 되는 것입니다. 창세 전 언약이 이루어지면 이 세상은 더 이상 존재할 필요가 없습니다. 우리는 여덟에 속한 안식의 나라로 이사를 가게 되는 겁니다.

여덟째 날 안식하는 나라는 이 세상 바깥에 있는 하나님 나라입니다. 천년 왕국이 지나면 이 세상 바깥에 있는 하나님 나라에서 영원한 안식을 누리게 되는 것입니다. 하나님의 아들들이 되어서 말입니다. 그러기 위해서는 예수님이 이 역사 속에서 일곱째 날 안식일을 지내셔야 할 것입니다. 그래야 태초에 말씀으로 계시던 그 나라로 나아갈 수 있게 되는 것입니다.

예수님은 본래 태초에 말씀이신 하나님으로 계셨습니다. 그리로 돌아가려면 예수라는 이름으로 이 세상에 오신 일들을 다 마무리하셔야 합니다. 그것이 엿새 동안 일하고 일곱째 날 안식하는 것입니다. 안식까지가 예수님이 역사 속에서 하셔야 하는 일입니다.

이 일이 다 끝나면 태초에 말씀으로 계셨던 본래의 그 자리로 나아가게 되는 것입니다. 이때 자기 백성들을 다 데리고 갑니다. 이러면 예수님과 그에게 속한 모든 자들이 창세 전 그 자리로 나아가게 되는 것입니다. 이것이 영원한 구원입니다.

그러니까 피조 세계인 이 역사에서도 보이지 않는 세계의 영원한 천국과, 보이는 세계의 시간 속에 영원한 천국을 예표하는 천국이 있어야 하는 것입니다. 그것이 천년 왕국인 것입니다.

천년 왕국은 보이지 않는 천국을 보여주기 위한 예표적인 복사본인 것입니다.

창조를 보면 첫째 날부터 여섯째 날까지는 저녁에서 아침으로 나아가는 것으로 진행이 됩니다. 그러다가 일곱째 날에는 저녁과 아침이 없습니다. 시간의 흐름이 멈춥니다. 이는 시간 바깥의 세상이라는 뜻입니다.

세상에 속하였으나 세상에 속하지 아니한 날을 예표하는 날이 바로 일곱째 날 안식일입니다. 그래서 동일한 7일 창조에 속하였음에도 6일과 다른 저녁에서 아침으로 나아가는 것이 없는 시간이 멈춘 날로 있는 것입니다. 왜 이러한 날이 있어야 하는가 하면 일곱째 날은 만물 바깥에 있는 해와 달이 필요가 없는 창조주가 사는 하나님 나라를 예표하는 날이기 때문입니다.

일곱째 날 안식일은 이중적인 의미가 있습니다. 천년 왕국을 상징하면서도 시간 바깥에 있는 하나님 나라를 상징하기도 합니다. 그래서 요한계시록에서는 예수님이 재림하면서 몰고 오는 하늘에서 내려오는 새 하늘과 새 땅에는 해와 달이 없고 어린양이 빛이라고 하는 것입니다.

> "그 성은 해나 달의 비췸이 쓸데없으니 이는 하나님의 영광이 비취고 어린양이 그 등이 되심이라"(계 21:23).

해와 달이 없다는 것은 시간의 흐름이 없다는 뜻입니다. 이는 해와 달이 없는 창조 바깥의 세계인 하나님 나라를 예표하고 있기 때문입니다. 창조 바깥의 세계는 해와 달이 없습니다. 왜냐하면 거기는 피조 세계 바깥에 있는 하나님이 사는 나라이기 때문입니다. 해와 달이 없으니 시간도 없는 것입니다. 해와 달이 없으니 피조물의 빛도 없는 것입니다.

하나님이 사는 나라에서는 하나님 자신이 빛이십니다. 그래서 이 세상 바깥에 있는 하나님 나라를 예표하는 천년 왕국이라는 새 하늘과 새 땅에서는 어린양이 그 등불이라고 하면서 해와 달이 없다고 하는 것입니다. 어린양이 하나님으로서 빛으로 계시기 때문입니다.

우리는 천년 왕국을 거쳐서 세상 바깥에 있는 영원한 아버지의 나라로 나아가게 되어 있습니다. 역사 속에 있는 천년 왕국은 역사 바깥의 하늘에 있는 천국을 상징합니다. 그래서 천년 왕국을 영원한 나라라고 하지 않고 숫자가 있는 천년 왕국이라고 하는 것입니다. 천년 왕국은 숫자에 속한 이 세상에 있는 나라이기 때문입니다. 천년 왕국은 묵시의 세계를 예표하는 것이지, 실제로 묵시 세계는 아닙니다.

영원한 나라는 숫자가 통용되지 않습니다.

영원이라는 말은 시간 바깥이라는 뜻입니다. 하늘나라에 있는 천국을 영원한 천국이라고 하지 천 년 천국이라고 하지 않습니다. 그래서 피조물 바깥에 있는 태초라는 하나님 나라를 영원한 나라라고 하고, 피조 세계에 속한 하나님 나라는 천 년 동안 왕 노릇 한다고 시간을 명시하고 있는 것입니다.

예수님은 원래 이 세상 바깥에 있는 하나님 나라에 계셨습니다. 시간 밖 태초의 천국에 계시던 예수님이 왜 시간 속 세상에 오셨을까요? 이는 태초에 하신 창세 전 언약을 이루시기 위함입니다. 창세 전 언약의 완성은 "그의 나라에서 그의 은혜의 영광을 찬미"하는 것입니다.

예수님은 그의 나라에서 그의 은혜의 영광을 찬미하는 일을 복사본인 이 역사의 천년 왕국에서 끝이 나면 원본의 나라인 역사 바깥 영원한 세계로 나아가서 하나님께 찬미하는 일을 하게 되시는 것입니다.

18
나라를 아버지께 바침

예수님께서 모든 일을 다 하시고 나면 하나님께 보고하십니다. 그것은 아버지가 만들라고 하신 그의 나라와 그의 후손들입니다. 창세 전 언약은 나라와 후손에 관한 언약입니다. 그래서 이 세상에서 모든 일을 다 하시고 나면 나라와 백성들을 아버지께 바치게 되는 것입니다.

고린도전서 15장 22-24절입니다.

"22아담 안에서 모든 사람이 죽은 것같이 그리스도 안에서 모든 사
람이 삶을 얻으리라 23그러나 각각 자기 차례대로 되리니 먼저는 첫
열매인 그리스도요 다음에는 그리스도 강림하실 때에 그에게 붙은
자요 24그 후에는 나중이니 저가 모든 정사와 모든 권세와 능력을 멸
하시고 나라를 아버지 하나님께 바칠 때라"

고린도전서 15장은 부활에 관하여 말해 주고 있습니다. 당시에

바울이 부활의 복음을 전하자 사람들이 조롱하는 것입니다. 이에 바울은 부활을 씨앗 비유로 합니다. 농부가 씨를 심는 것은 씨 속에 있는 열매를 얻기 위함이듯이 성도의 죽음도 그 속에 있는 하늘의 생명을 끄집어내기 위함이라고 합니다. 그러면서 죽음을 슬퍼하지 말라고 합니다. 죽음은 다시 살아나기 위한 것이므로 영광스러운 것이라고 합니다.

잘 보시면 부활을 순서로 말하고 있음을 보게 됩니다. 그리스도가 첫 열매입니다. 그리고 그리스도가 재림하실 때 살아나는 자들입니다. 이는 우리가 잘 아는 예수님이 재림하시면 일어나는 일들입니다.

중요한 것은 24절의 "그 후에는 나중"이라는 말입니다.

"그 후에는 나중이니 저가 모든 정사와 모든 권세와 능력을 멸하시고 나라를 아버지 하나님께 바칠 때라"(고전 15:24).

"그 후에는 나중에" 모든 것을 멸하시고 나라를 아버지께 바친다고 합니다. "그 후"라는 말은 '일정 기간이 끝이 나면'이라는 뜻입니다. 일정 기간이 바로 천 년입니다. 일정 기간이 끝이 나면 모든 것을 멸하십니다. 그리고 나라를 아버지께 바치십니다.

멸하시는 나라는 무엇이고, 아버지께 바치시는 나라는 무엇입니까? 멸하시는 것은 이 세상에 속한 나라인 천년 왕국입니다. 아버지께 바치시는 나라는 천년 왕국에서 살던 자기 백성들을 몽땅 데리고 이 세상 바깥에 있는 영원한 하나님 나라로 나아가시는 것입니다.

그래서 천년 왕국이 끝난 후에 마귀가 잠시 무저갱에서 나와 전쟁을 하다가 완전한 멸망을 당하게 되는 것입니다.

이것을 세상은 두루마리 말리듯이 종이 축이 말리는 것처럼 완전하게 사라진다고 하는 것입니다. 천 년이 차면 공중에 있는 새 하늘과 새 땅이라는 천년 왕국도 사라지고, 유황불 못인 이 땅도 사라지게 되는 것입니다. 왜냐하면 창세 전 언약이 완성되었기 때문입니다. 창세 전 언약이 완성되었기 때문에 이 세상은 더 이상 존재할 이유가 없는 것입니다. 그래서 만물이 두루마리가 말리듯이 사라지게 된다고 하는 것입니다.

히브리서 1장 10-12절을 보십시오. 새번역본으로 보시면 이해가 쉬울 것입니다.

> "[10]또 주님께서 이렇게 말씀하셨습니다. 주님, 주님께서는 태초에 땅의 기초를 놓으셨습니다. 하늘은 주님의 손으로 지으신 것입니다. [11]그것들은 없어질지라도 주님께서는 영원히 존재하십니다. 그것들은 다 옷처럼 낡을 것이요 [12]주님께서는 그것들을 두루마리처럼 말아 치우실 것이며 그것들이 다 옷처럼 변하고 말 것입니다. 그러나 주님께서는 언제나 같으시고 주님의 세월은 끝남이 없을 것입니다."

하나님은 태초에 천지를 지으실 때 두루마리처럼 말아 치울 것을 이루셨다고 합니다. 이것은 용도가 다하면 폐기처분한다는 뜻입니다. 천지를 만든 것은 창세 전 언약을 위해서입니다. 그러면 이 천지는 창세 전 언약이 완성이 되면 더 이상 존재할 이유가 없는 것입니다. 그래서 천년 왕국이 끝이 나면 천지를 두루마리 말듯이 멸하시는 것입니다.

천년 왕국까지가 창조에 속한 이 세상이므로 천년 왕국이 끝이 나면 우리는 영원한 하나님 나라로 나아가게 되는 것입니다. 이것이 예수님이 나라를 아버지께 바친다고 하는 것입니다. 예수님이 우리를 이 세상 바깥에 있는 아버지 나라로 데리고 가시게 되는 날 창세 전 언약은 완전하게 완성이 되는 것입니다.

19
성경 속에 나타난 예표적 종말 사건들

종말이라는 말 속에는 두 가지 의미를 담고 있습니다.

첫째는, 끝이란 뜻입니다.
둘째는, 새로운 시작을 뜻합니다.

성경에서 인류 역사의 종말을 예표적으로 보여준 사건이 있습니다. 노아의 홍수 사건입니다. 하나님께서 노아의 때에 사람 지음을 한탄하시고 세상을 홍수로 쓸어버리셨습니다. 하나님은 홍수 속에서 노아에게는 은혜를 주어서 살려내십니다. 모두가 죽어가는 곳에서 노아가 살아난 것은 하나님의 은혜였습니다. 그래서 노아의 가족은 방주를 타고 홍수의 심판을 면하고 은혜의 땅을 상징하는 '아라랏'이라는 산에 정착하게 됩니다.

'아라랏'이라는 말은 '창조', '거룩한 땅'이라는 뜻입니다.
거룩한 땅이란 새 하늘과 새 땅을 의미합니다. 그러므로 '아라랏'

산은 영적인 의미로는 예수님이 재림하실 때 몰고 오는 새 하늘과 새 땅을 상징하는 것입니다. 더 확대해서 말하면 이 세상 바깥에 있는 하나님 나라를 상징하기도 합니다. 온 세상이 홍수로 잠겼습니다. 그러면 방주가 도착한 '아라랏' 산은 세상에서 가장 높은 산을 상징합니다. 이는 공중에 있는 하늘나라를 상징합니다.

예수님이 재림하시면서 몰고 오는 새 하늘과 새 땅을 상징하는 것입니다. 그래서 비둘기가 노아에게 새 감람나무 잎사귀를 가져다준 것입니다. 새 감람나무는 새로운 세상의 나무라는 뜻입니다. 비둘기가 새 감람나무 잎사귀를 물고 왔다는 것은 새로운 세상의 것을 물고 왔다는 뜻입니다.

마태복음 3장 16-17절을 봅시다.

> "[16]예수께서 세례를 받으시고 곧 물에서 올라오실새 하늘이 열리고 하나님의 성령이 비둘기같이 내려 자기 위에 임하심을 보시더니 [17]하늘로서 소리가 있어 말씀하시되 이는 내 사랑하는 아들이요 내 기뻐하는 자라 하시니라"

예수님이 요단 강에서 세례를 받고 올라오시자 하늘에서 성령이 비둘기처럼 임하였습니다. 성령을 왜 비둘기 같다고 할까요? 이는 성령이 하늘에 평강을 몰고 오셨기 때문입니다.

성령이 비둘기처럼 예수님에게 임한 것은, 이 예수가 세상과 하늘에 평화를 주시는 분이라는 것을 만천하에 공포한 것입니다. 그래서 세례 요한이 예수님을 보고서 "보라 세상 죄를 지고 가는 하나님의 어린양이로다"라고 외쳤던 것입니다. 이는 예수님이 창세 전에 준비된 제물이라는 것입니다. 이를 하나님이 친히 준비한 '여호와 이레의 제물' 이라고 합니다.

히브리서 10장 5-7절을 봅시다.

"5그러므로 세상에 임하실 때에 가라사대 하나님이 제사와 예물을
원치 아니하시고 오직 나를 위하여 한 몸을 예비하셨도다 6전제로 번
제함과 속죄제는 기뻐하지 아니하시나니 7이에 내가 말하기를 하나님
이여 보시옵소서 두루마리 책에 나를 가리켜 기록한 것과 같이 하나
님의 뜻을 행하러 왔나이다 하시니라"

예수님이, 하나님이 창세 전에 친히 준비하신 '여호와 이레의 그 제물'이라는 것입니다. 그래서 그 이름이 예수입니다. 예수라는 이름이 뭔가요? 자기 백성을 저희 죄에서 구원하실 자라는 뜻입니다. 그러니까 세례 요한은 이 예수가 바로 창세 전에 자기 백성을 저희 죄에서 구원하실 그분이라고 알려주고 있는 것입니다. 그래서 예수님이 '아버지여 내가 왔습니다!'라고 하시는 것입니다. 예수님이 하늘의 평화를 몰고 오신 것입니다.

노아의 가족을 심판에서 구원한 방주는 예수님을 상징합니다. 그

러면 노아의 방주가 도착한 땅은 심판이 없는 평화의 땅이라는 뜻입니다. 비둘기는 노아에게 이 땅은 평화의 땅이라는 것을 알려준 것입니다. 심판이 없는 새로운 땅이라는 것을 알려준 것입니다.

감람나무 새 잎사귀란 감람나무가 죽었다가 다시 살아난 것을 의미합니다. 감람나무는 예수님을 상징합니다. 그러면 창조와 거룩이라는 뜻을 가진 '아라랏' 산은 부활하신 예수님이 사는 곳이란 뜻입니다. 이는 천년 왕국을 상징합니다.

부활하신 예수님이 살아가는 곳은 천국을 상징합니다. 천국은 예수님의 피로 죄 사함 받은 자들이 살아가는 곳입니다. 정죄함이 없는 곳입니다.

천년 왕국은 정죄함이 없는 곳입니다. 천년 왕국은 흠 없는 제물의 희생으로 용서받은 자들이 살아가는 긍휼의 나라입니다. 결코 정죄함이 없는 긍휼은 정결한 제물의 희생으로 주어지는 것입니다. 만약에 성경이 노아 홍수로 끝이 났다고 한다면 방주가 안착한 '아라랏' 산이 바로 정결한 제물의 희생으로 죄인이 살아가는 천년 왕국이 되는 것입니다. 그러므로 노아 홍수는 장차 임할 세상 종말을 예표하고 있는 것입니다. 그래서 베드로는 장차 임할 세상의 종말을 노아의 홍수와 비교하였던 것입니다.

베드로후서 3장 6-7절을 봅시다.

"6이로 말미암아 그때 세상은 물의 넘침으로 멸망하였으되 7이제 하늘과 땅은 그 동일한 말씀으로 불사르기 위하여 간수하신 바 되어 경건치 아니한 사람들의 심판과 멸망의 날까지 보존하여 두신 것이니라"

구약에서는 홍수로 심판하였습니다. 그러나 신약에서는 불로 심판한다고 하십니다. 그러면 노아 홍수는 종말에 임할 세상의 심판을 예표하고 있음을 알 수가 있습니다. 노아의 방주가 창조의 세계를 뜻하는 높은 산에 안착하였듯이, 장차 예수님이 재림하시면 성도들이 이끌려 올라가는 공중이 바로 노아의 방주가 도착한 '아라랏' 산과 같은 곳입니다. 그러므로 노아의 홍수 사건 속에는 예수님의 재림이 담겨져 있는 것입니다.

하나님은 노아에게 생육하고 번성하라고 하셨습니다. 이것이 장차 예수님이 재림하시면 천년 왕국에서 생육하고 번성하는 것으로 나타나는 것입니다. 하나님은 노아 시대를 통해서 장차 이루어질 심판과 천년 왕국을 보여주신 것입니다. 즉 아담으로부터 노아 시대까지 이를 통해 장차 예수께서 재림하심으로 일어날 일을 예표적으로 보여주신 것입니다.

노아를 통해서 맛보기로 잠시 보여주시고 인류 역사는 다시 시작이 됩니다. 창세 전에 계획하신 그때가 차기까지 말입니다. 하나님의 아들이 오셔서 그의 피로 자기 백성들을 구속하시는 그때까지 인류 역사는 진행됩니다. 그래서 노아가 다시 포도주로 타락하는 일들이 일어나는 것입니다.

20
출애굽에서 가나안까지 두 강을 건너다

구약 이스라엘의 출애굽에서 가나안까지는 우리가 역사 속에서 구원을 받고 천년 왕국을 지나 영원한 하나님 나라로 가는 것을 보여주고 있습니다.

애굽은 이 세상을 말하고, 광야는 천년 왕국을 말하고, 가나안은 창세 전 하나님 나라를 상징하고 있는 것입니다.

애굽과 광야는 다른 세계입니다. 하늘과 땅처럼 성격이 완전히 다른 세계입니다. 애굽은 떡으로 살아가는 세계이지만, 광야는 하나님 말씀으로 살아가는 세계입니다. 광야에 나오자 하늘에서 만나를 주신 것은 너희는 하늘에 속한 백성이라는 것을 알려 준 것입니다. 이를 알려 주시려고 하나님은 모세를 시내 산 위로 올라오게 하신 것입니다. 백성들은 시내 산 위에서 주신 말씀의 인도를 따라 약속의 땅으로 들어가게 됩니다.

애굽과 광야는 살아가는 방식이 전혀 다른 세계입니다. 하지만 광야와 가나안은 다른 세계이지만 그 성격은 같습니다. 광야도 하나님의 약속을 믿고 살아가는 곳이고, 가나안도 하나님의 약속을 믿음으로 살아가는 곳입니다.

애굽에서는 하나님과 동행함이 없었습니다. 그러나 광야에서는 하나님과 동행하였습니다. 가나안도 마찬가지입니다. 그러므로 하나님과 동행한다는 의미에서는 광야와 가나안은 같은 의미인 것입니다. 따라서 광야와 가나안은 서로 장소적인 의미에서는 다른 세계이지만 하나님과 함께 살아간다는 영적인 의미에서는 같은 세계인 것입니다.

이것은 천년 왕국과 영원한 하나님 나라가 장소적인 의미에서는 다른 세계이지만, 영적으로는 하나님의 장막에 거한다는 의미에서는 같은 세계인 것과 같습니다. 마치 에덴과 동산처럼 같은 의미이고, 성소와 지성소가 같은 의미인 것과 같습니다. 에덴과 동산은 다르지만 같은 의미로 부릅니다. 성소와 지성소도 다른 영역이지만 같은 의미로 부릅니다. 이처럼 천년 왕국과 영원한 천국도 다르지만 같은 의미로 부르는 것입니다.

에덴동산 바깥에서 보면 에덴과 동산은 하나입니다. 지성소와 성소 역시 뜰에서 보면 하나입니다. 안에 들어가면 다르지만 밖에서는 하나입니다. 천년 왕국과 하나님 나라가 이와 같습니다.

성막을 보면 뜰과 성소와 지성소가 있습니다.

뜰은, 이 세상을 뜻합니다.

성소는, 천년 왕국을 예표합니다.

지성소는, 하늘나라를 상징합니다.

뜰에서는 흠 없는 제물의 희생으로 죄 사함을 받습니다. 뜰에서 죄 사함을 받은 자들은 뜰에서는 볼 수 없는 성소 안으로 들어갑니다. 거기서 제사장으로서 봉사를 합니다. 이것은 천년 왕국에서 성도가 천 년 동안 왕 같은 제사장으로서 섬기는 것을 예표합니다.

하지만 지성소는 일 년에 단 한 차례 대제사장만이 들어갑니다. 이때 대제사장은 이스라엘을 예표하는 12가지 보석이 달린 흉패를 입고 들어갑니다. 이것은 장차 예수님이 천년 왕국이 끝나면 그 나라를 아버지께 바치는 것을 예표하는 것입니다.

성소와 지성소는 같은 듯하면서 다른 영역입니다. 그러나 하나입니다. 영적인 의미에서는 같습니다. 그래서 예수님이 십자가에 죽으실 때 성소의 휘장이 위에서부터 아래로 찢어져서 성소와 지성소를 하나로 만들어주신 것입니다. 이것은 예수님 안에서 천년 왕국과 영원한 천국이 같은 의미의 공간이 된 것을 뜻합니다.

구약 이스라엘의 출애굽에서 가나안까지의 여정을 따라가 봅시다.

애굽에서 가나안까지는 두 강을 건너야 합니다. 강을 건넌다는 것은 기존 세계와의 단절을 의미합니다. 그러면 출애굽에서 가나안까지 가는 과정에서 두 번의 단절을 경험하는 것이 될 것입니다.

첫 번째 단절은,

예수님이 재림하시면 이 세상에서 새 하늘과 새 땅으로 나아가는 단절을 경험하게 됩니다. 이것이 홍해 바다를 건넌 출애굽 사건으로 나타난 것입니다. 애굽은 죄악된 세상을 말합니다. 영적으로는 죄와 사망의 권세로부터 탈출을 의미합니다.

애굽에서 나온 이스라엘은 광야에서 40년을 삽니다. 애굽은 어둠의 나라였지만 광야는 빛의 나라였습니다. 낮에는 구름 기둥으로 밤에는 불 기둥으로 보호하셨습니다. 그리고 하늘에서 내리는 만나를 먹고 살았습니다. 애굽에서는 땅의 음식인 떡을 먹고 살았지만 광야에서는 하늘의 양식인 만나를 먹었습니다.

두 번째 단절은,

광야 시절이 끝이 나면 일어납니다. 광야에서 만나를 먹고 자란 백성들이 또 한 번의 기존의 세계와 단절하는 일들이 일어납니다. 이것이 광야에서 요단 강을 건너 가나안으로 들어가는 것으로 나타난 것입니다.

가나안은 광야에서 태어나고 만나를 먹고 자란 백성들이 들어갑니다. 이것은 천년 왕국에서 낳아진 자녀들이 천 년이 차면 예수님께서 나라를 아버지께 바칠 때 피조에 속한 천년 왕국을 떠나 영원한 하나님 나라로 나아가는 것을 보여주고 있는 것입니다.

이스라엘의 광야 40년은 천년 왕국에서의 삶을 보여주고 있습니다. 광야에 나오자 시내 산 위에 하나님이 나타나십니다. 그리고 모세를 시내 산 위로 부르십니다. 구름이 시내 산과 산 아래를 나누어 버립니다. 산 아래에서는 구름 때문에 시내 산 위를 볼 수가 없습니다. 하지만 분명히 하나님이 계십니다.

이러면 시내 산 위는 이 세상 밖에 있는 창세 전 하나님 나라를 예표하는 것이 됩니다. 창세 전 하나님 나라에 계신 하나님이 광야 이스라엘과 동거하시는 것입니다. 모세는 시내 산 위 동네에서 하나님의 말씀을 받아서 아랫동네로 내려옵니다. 이러면 하나님 나라에 계신 하나님이 광야 이스라엘과 동거하는 것이 됩니다. 이것이 성막으로 나타난 것입니다. 성막은 하나님의 집입니다. 이는 하나님이 이스라엘 속에 들어오셨다는 뜻입니다.

이스라엘은 광야 40년 동안 성막을 중심으로 12지파가 사면으로 둘러 진을 치고 살았습니다. 이것은 천년 왕국에서 거룩한 성 예루살렘을 중심으로 하여 만국이 진을 치고 살아가는 것을 예표적으로 보여주고 있습니다.

그래서 요한계시록 21장을 보면, 하늘에서 내려온 새 예루살렘 성을 중심으로 살아가는 만국 백성들이 존귀와 영광을 가지고 그 성으로 들어간다고 하는 것입니다. 그러므로 예수님이 재림하신 후에 천년 왕국에서 살아간다는 것은 묵시문학적 표현이 아니고 실제로 벌어지는 내용인 것입니다.

아담과 하와가 에덴동산에서 실제로 살았듯이, 우리도 천년 왕국에서 예수 그리스도와 함께 새로운 아담과 하와가 되어서 에덴동산에서의 삶을 살아가게 되는 것입니다. 하나님은 구약 이스라엘을 통해서 성도의 구원의 여정을 다 보여주신 것입니다.

한 가지 이런 의문을 제기할 수 있을 것입니다.

광야 40년이 천년 왕국을 예표한다면, 천년 왕국에서는 죄가 없다고 하였고, 거기서 낳은 자들은 죽지 않는다고 하였는데, 구약 이스라엘은 광야 40년 동안 계속 범죄하고 살지 않았느냐, 그리고 출애굽 1세대들은 다 죽지 않았느냐, 그런데 어떻게 광야 40년을 천년 왕국으로 비유할 수가 있느냐고 물을 수 있을 것입니다.

여기에 대한 답은 이러합니다. 하나님은 구약 이스라엘을 통해 자기 백성들을 어떻게 구원해 나가시는지를 보여주는 시청각 교재로 사용하신 것입니다. 이를 기능적 이스라엘이라고 합니다.

만약에 구약 이스라엘 백성들이 하나님 백성의 전부라고 한다면 역사는 지금까지 진행이 될 필요가 없습니다. 이미 가나안에 들어갔을 때 끝이 났어야 합니다. 하지만 지금도 이 세상 역사는 진행이 되고 있으며, 하나님은 자기 백성들을 구원하는 일을 멈추지 않고 계속 진행하고 있습니다. 이렇게 보면 구약 이스라엘은 예표적 이스라엘이지 진짜 이스라엘이 아니라는 뜻입니다.

바울은 이를 알았습니다. 바울이 다메섹에서 예수님을 만나기 이전에는 유대인이 하나님의 백성이라고 여겼습니다. 그런데 다메섹에서 예수님을 만나고 난 후 하나님의 백성은 혈통적으로 나는 것이 아니라 예수 그리스도를 통해서 생겨난다는 것을 알았습니다.

그래서 유대인들 속에서도 표면적 유대인과 이면적 유대인이 있다고 말한 것입니다. 표면적 유대인은 육적 유대인을 말하고 이면적 유대인은 영적 유대인을 말합니다. 표면적 유대인은 아브라함의 후손이고 이면적 유대인은 예수 그리스도의 후손입니다.

알다시피 바울은 표면적 유대인입니다. 그런데 예수 그리스도를 통해서 이면적 유대인이 되었습니다. 바울이 표면적 유대인으로 살았을 때는 예수를 죽이는 일을 하였지만, 이면적 유대인이 되고 난 후로는 예수 그리스도의 고난을 자기 몸에 새기는 삶을 살게 되었습니다. 왜냐하면 예수님이 바로 이면적 유대인으로 오신 분이기 때문입니다.

예수님만 이면적 유대인이었습니다. 예수님이 오시자 혈통적 유대인은 표면적으로 드러난 것입니다. 예수님이 이면적 유대인의 조상이시므로 이제부터는 예수 그리스도 안에서 태어나는 자들이 이면적 유대인이 되는 것입니다. 표면적 유대인은 구원이 없습니다. 이면적 유대인이라야 구원을 받습니다. 왜냐하면 하나님 나라는 혈과 육으로는 들어갈 수 없기 때문입니다. 예수 그리스도 안에서 성령으로 거듭난 이면적 유대인들이 들어갈 수 있기 때문입니다. 그러기 위해서는 예수님이 오시기까지 표면적 유대인들이 역사 속에서 이면적 유대인 노릇을 해 주어야 하는 것입니다. 그래서 구약에서는 유대인과 이방인으로 구분을 하신 것입니다.

예수 그리스도가 오셔서 이면적 유대인들을 낳아주시기까지는 표면적 유대인들이 계속해서 존재해 주어야 합니다. 그래서 출애굽한 이스라엘이 광야에서 범죄하고 살았음에도 하나님의 언약은 유지되어 왔던 것입니다. 왜냐하면 진짜 하나님의 백성은 아브라함 혈통으로 낳은 자가 아니라 예수 그리스도 안에서 성령으로 낳은 자들이기 때문입니다. 천년 왕국은 혈통적 이스라엘이 들어가는 곳이 아니고, 예수 그리스도 안에서 성령으로 거듭난 영적 이스라엘이 들어가는 곳이기 때문입니다.

그래서 비록 출애굽한 이스라엘이지만 애굽의 근성을 버리지 못한 자들은 광야 40년 동안 다 죽임을 당한 것입니다. 그리고 가나안은 애굽 사람이 아닌 광야에서 태어나서 하나님의 말씀을 먹고 살아간 자들이 들어가는 것으로 보여주신 것입니다.

그러면 또 '광야에서 죽은 출애굽 1세대들은 어떻게 되느냐'라고 물을 것입니다. 하나님은 애굽에서 난 자들은 광야에서 다 죽이고 새로운 이스라엘로 만들어내셨습니다. 출애굽 1세대들이 죽은 그 자리에서 2세대들을 뽑아내신 것입니다. 이는 마치 우리 옛 사람이 죽고 새 사람으로 살아나는 것과 같습니다.

출애굽 1세대들은 옛 사람이고, 광야에서 태어난 2세대들은 새 사람인 것입니다. 천국에는 옛 사람으로는 들어갈 수가 없습니다. 그래서 광야에서 옛 사람을 죽이고 새 사람으로 살려내는 일을 하신 것입니다. 이것이 출애굽한 1세대들이 죽고 광야에서 2세대들이 태어나는 것으로 나타난 것입니다.

21
본래의 자리로 돌아가라

성도의 죽음을 소천이라고 합니다. 소천(召天)이란 천국으로 돌아갔다는 뜻입니다. 그래서 사람이 죽으면 돌아가셨다고 합니다.

구원은 본래의 자리로 돌아가는 것입니다. 이 땅에서 창세 전에 하신 언약이 다 이루어지면 본래의 자리로 돌아가게 되는 것입니다. 예수님도 그 자리로 돌아가셔야 합니다. 예수님은 태초에 계신 분입니다.

태초에 계시던 분이 창세 전 언약을 위하여 이 세상에 오셨습니다. 이 세상에 오시면서부터 예수님도 태초로 돌아가는 구원을 받아야 하는 신분이 된 것입니다. 이것은 본래의 자리로 돌아가는 것을 말합니다. 종의 신분에서 아들의 신분으로 돌아가는 것을 말합니다. 예수님은 육신을 입고 이 땅에서는 아버지의 뜻을 받드는 종으로 사셨습니다. 아버지가 시키신 일을 다 하시고 나면 아들의 자리로 나아가게 되는 것입니다. 이것이 예수님의 구원입니다. 그래서 예수님도 이 세상에서 자기를 구원하실 자에게 눈물로 통곡하면서 기도하셨다고 하는 것입니다.

히브리서 5장을 봅시다.

"그는 육체에 계실 때에 자기를 죽음에서 능히 구원하실 이에게 심한 통곡과 눈물로 간구와 소원을 올렸고 그의 경외하심을 인하여 들으심을 얻었느니라"(히 5:7).

예수님은 육체로 계실 때 자기를 죽음의 나라에서 영생의 나라로 옮겨 달라고 기도하셨습니다. 그것도 심한 통곡과 눈물로 기도하셨습니다. 구원하실 이에게 기도를 하셨다는 것은 예수님도 구원을 받아야 한다는 뜻입니다. 예수님의 구원은 죄에서 구원을 받는 것이 아니고 본래의 자리로 돌아가는 구원입니다.

쉬운 말로 예수님은 이 세상에 파견 근무를 오신 것입니다. 자기 백성들을 구원하는 일을 하시기 위하여 오신 겁니다. 그 일을 다 하시고 나면 원대 복귀하셔야 합니다. 그런 의미에서 예수님도 구원을 받아야 하는 것으로 말해주고 있는 것입니다.

구원이란 본래의 자리로 돌아가는 것입니다.

예수님의 본래 자리가 어디입니까? 창세 전, 즉 태초입니다. 예수님이 태초로 돌아가시려면 역사에서 해야 하는 일을 다 하셔야 합니다. 그것은 자기 백성들을 위하여 죽는 것입니다. 그래서 예수님이 십자가를 지시게 된 것을 기뻐하고 감사하였던 것입니다.

요한복음 17장을 봅시다.

"아버지께서 내게 하라고 주신 일을 내가 이루어 아버지를 이 세상에서 영화롭게 하였사오니 아버지여 창세 전에 내가 아버지와 함께 가졌던 영화로써 지금도 아버지와 함께 나를 영화롭게 하옵소서"(요 17:4-5).

예수님이 십자가를 지시는 것은 자기 백성들을 구원하시고자 함입니다. 하지만 자기 백성들의 구원 속에는 자기 구원도 들어가 있습니다. 왜냐하면 자기 백성들을 구원하고 나면 아버지에게 돌아갈 수 있기 때문입니다. 그래서 예수님이 십자가를 지시게 되자 아버지께 기도하시기를 창세 전에 가졌던 그 영화로운 자리로 돌아가게 되었다고 기뻐하셨던 것입니다.

우리도 본래의 자리로 돌아가야 합니다. 예수님과 같은 과정을 거쳐서 돌아갑니다. 그것이 육신의 장막을 벗는 것입니다. 흙에서 난 몸은 흙에 반납을 하고 하늘로서 오는 몸을 입게 됩니다.

왜냐하면 하늘에서는 흙으로 난 몸으로는 살 수가 없기 때문입니다.

우리의 본래 자리가 어디입니까?

우리를 존재케 하는 그 자리입니다.

우리는 누구로부터 나왔습니까?

예수 그리스도로부터 나왔습니다.

그러면 우리가 돌아가야 하는 자리가 어디입니까?

예수 그리스도 안입니다.

이것을 아담과 하와를 통해서 보여준 것입니다. 하와가 아담 속에서 나왔다가 다시 아담 속으로 들어가는 것이 구원의 완성 지점입니다. 우리도 예수 그리스도로부터 나왔으니 예수 그리스도가 계신 그곳으로 돌아가야 본래의 자리로 돌아가는 것이므로 구원의 완성이 되는 것입니다.

이것이 역사 속에서는 천년 왕국에서 어린양과 혼인하는 것으로 말해 주고 있는 것입니다.

천년 왕국에서 우리는 예수 그리스도와 한 몸이 됩니다. 그래서 요한계시록에서는 예수님을 신랑이라고 하고 성도를 신부라고 하는 것입니다. 천년 왕국에서 예수님과 성도는 신랑과 신부가 만나서 살아가는 곳이기 때문에 어린양의 혼인잔치가 벌어지는 곳이라고 하는 것입니다.

천년 왕국에서 예수님과 성도는 신랑 신부라는 한 몸으로 살다가 천 년이 차고 나면 태초라는 영원한 하나님 나라로 나아가게 되는 것입니다. 이럴 때 천지라는 이 역사 속에서의 모든 일들이 끝이 납니다. 역사에서 묵시로 나아가게 되는 것입니다. 바울은 이것을 예수님께서 나라를 아버지께 바치는 것이라고 하였습니다.

22
동산에서 에덴으로

구원은 역사를 벗어나 하나님 나라로 나아가는 것입니다. 이 모습을 에덴동산에 예표적으로 담아두었습니다. 에덴동산은 은물과 같습니다.

은물이란 유치원에서 어린아이들을 가르칠 때 사용하는 교재를 말합니다. 하나님은 에덴동산에서 아담과 하와를 가지고 구원이 어떤 것인지를 맛보기로 시청각 교재로 사용하신 것입니다.

창세기 2장 8-14절을 봅시다.

"8여호와 하나님이 동방의 에덴에 동산을 창설하시고 그 지으신 사
람을 거기 두시고 9여호와 하나님이 그 땅에서 보기에 아름답고 먹기
에 좋은 나무가 나게 하시니 동산 가운데에는 생명나무와 선악을 알
게 하는 나무도 있더라 10강이 에덴에서 발원하여 동산을 적시고 거
기서부터 갈라져 네 근원이 되었으니 11첫째의 이름은 비손이라 금이
있는 하윌라 온 땅에 둘렸으며 12그 땅의 금은 정금이요 그곳에는 베

델리엄과 호마노도 있으며 [13]둘째 강의 이름은 기혼이라 구스 온 땅에 둘렸고 [14]셋째 강의 이름은 힛데겔이라 앗수르 동편으로 흐르며 넷째 강은 유브라데더라"

하나님이 동방의 에덴에 동산을 창설하셨다고 합니다. 이 말은 에덴이라는 동네에 동산을 만드셨다는 뜻입니다. 그리고 10절을 잘 보시면 "강이 에덴에서 발원하여 동산을 적시고"라고 하면서 에덴과 동산을 다른 구역으로 말해 주고 있습니다.

에덴에서 발원하는 물은 생명수를 말합니다. 그러면 에덴이 생명의 근원임을 알 수가 있습니다. 생명의 근원은 하나님이십니다. 그러면 에덴은 생명의 근원이신 하나님이 사는 나라가 되는 것입니다.

에덴은 하나님의 나라를 말하고, 동산은 인간들이 살아가는 이 세상을 말합니다. 그래서 하나님은 흙으로 아담을 지으시고 동산에 두신 것입니다.

물이 에덴에서 흐를 때에는 이름이 없었습니다. 에덴에서 나와 동산으로 흐르면서 이름을 가지고 흐르게 됩니다. 그러면 에덴은 이름이 없는 무명의 세계이고, 동산은 이름이 있는 유명의 세계가 되는 것입니다. 이름이 없는 에덴은 창조주 하나님이 사는 태초의 하나님 나라를 상징하고, 이름이 있는 동산은 피조물이 사는 이 세상을 상징하게 되는 것입니다.

아담도 창세 전 언약을 위해서 창조가 되었습니다. 창세 전 언약은 예수 그리스도의 피 흘리심으로 구원을 받게 되어 있습니다. 그러자면 아담도 죄 아래 빠졌다가 건져지는 과정을 겪어야 합니다. 그래서 하나님은 아담에게 생명과는 먹고 선악과는 먹지 말라고 하신 것입니다. 이건 하나님의 명령입니다. 그런데 아담은 하나님의 명을 거역하고 선악과를 먹고 말았습니다. 선악과를 먹은 아담은 죄 아래 가두어지게 되었습니다. 이제 예수 그리스도를 통한 구원이 필요한 자가 된 것입니다. 이것이 아담의 죄에 수치를 흠 없는 제물이 죽어서 가죽 옷으로 가려주는 것으로 나타난 것입니다.

흙으로 난 아담은 영생하는 하나님이 사는 에덴으로 나아갈 수가 없습니다. 아담이 에덴으로 나아가려면 흙의 몸을 벗고 영생하는 몸이 되어야 합니다. 그렇다면 어떻게 해야 흙의 몸을 벗고 영생하는 몸이 될 수 있을까요? 그것이 바로 생명과를 먹는 것으로 나타난 것입니다.

생명과 속에는 하나님의 생명이 담겨져 있습니다. 그래서 하나님이 아담에게 생명과를 먹고 영생하는 자가 되라고 하신 것입니다. 생명과는 예수 그리스도를 상징합니다. 하나님이 아담과 하와를 통해서 성도의 구원이 예수 그리스도를 통하여 영생의 사람이 되어 하나님께 나아가는 것임을 생명과를 가지고 예표적으로 알려주신 것입니다.

아담에게 있어 구원이란 유명의 세계인 동산에서 생명과를 먹고 영생하는 자가 되어 무명의 세계인 영생하시는 하나님이 사는 에덴으로 나아가는 것입니다. 그래서 하나님은 갓 창조가 된 아담에게 생명과를 먹고 영생하는 자가 되라고 하신 것입니다. 영생하는 자가 되면 생명의 근원이 있는 에덴으로 나아가서 영원히 살게 되는 것입니다.

그런데 아담은 실패하였습니다. 하나님은 범죄한 아담을 에덴동산에서 쫓아내셨습니다. 그리고 에덴동산의 문을 천사들로 지키게 하셨습니다. 에덴동산을 죄인들의 눈으로부터 가려버린 것입니다. 하나님이 범죄한 아담을 에덴동산에서 쫓아내신 것은, 에덴동산은 죄인이 살 수 없는 곳이기 때문입니다. 그러면 에덴동산은 천년 왕국을 예표하는 것이 됩니다. 왜냐하면 천년 왕국도 죄인이 살 수 없는 곳이기 때문입니다. 그러므로 에덴동산은 천년 왕국을 예표하고 있는 것입니다. 예수님이 재림하실 때 몰고 오는 새 하늘과 새 땅이 에덴동산인 것입니다.

아담이 범죄하고 쫓겨난 후에, 하나님이 사는 에덴동산은 무명의 세계가 되고, 쫓겨난 아담이 사는 에덴동산 바깥 세상은 유명의 세계가 되는 것입니다. 그래서 구원이, 유명의 세계에 사는 자들이 예수 그리스도를 통해 구원받아서 무명의 세계로 나아가게 되는 것으로 주어지는 것입니다.

아담도 창세 전 언약을 위하여 창조된 피조물입니다.

피조물은 예수 그리스도를 통해서 구원받게 되어 있습니다. 그러면 아담도 예수를 믿어야 합니다. 그 예수가 에덴동산에서는 생명과로 나타난 것입니다. 하나님이 아담에게 생명과를 먹고 영생하는 자가 되라고 하신 것은 주 예수를 믿어서 구원을 받으라는 말과 같습니다.

아담이 범죄하기 전에는 생명과가 예수 그리스도를 상징하지만 아담이 범죄하고 난 후에는 아담의 수치를 가리기 위하여 죽임 당한 희생 제물이 예수 그리스도를 상징합니다. 그래서 에덴동산의 생명과이신 예수 그리스도가 이 세상에서는 자기 백성들이 죄를 위하여 죽임 당하는 희생 제물의 모습으로 나타나신 것입니다. 범죄한 아담에게는 십자가에 죽으신 예수 그리스도가 가죽 옷이면서도 생명과가 되는 것입니다.

아담은 생명과를 먹지 못하고 쫓겨났습니다. 에덴동산에서 쫓겨난 아담에게 진짜 생명이신 예수 그리스도가 나타나신 것입니다. 그래서 예수님이 "나는 하늘로서 내려온 생명의 떡"이라고 하시면서 "누구든지 나를 먹으면 영생하게 된다"고 말씀하신 것입니다.

아담이 먹지 못한 그 생명과를 예수님이 친히 생명의 떡이 되어서 자기 백성들에게 먹힘당하여 주시는 것입니다. 이를 상징적으로 보여주기 위해서 예수님이 짐승의 밥통에서 태어나신 것입니다. 이는 하나님께서 자기 백성들에게 주신 생명의 양식이라는 것입니다. 예수님이 아담이 먹지 못한 그 생명과의 실체인 것입니다. 구약의 아담은 먹지 못하였지만 신약의 아담들은 먹을 수 있게 되었습니다.

이것은 오순절 성령 강림으로 일어났습니다. 예수님이 우리 안으로 오신 것입니다. 우리가 먹은 것이 아니라 예수님이 친히 먹힘당하여 주신 것입니다. 이제부터 예수님이 우리의 주인이 되어서 우리의 인생을 간섭하십니다. 어디까지 간섭하시느냐 하면 영원토록입니다.

성령이 오심으로 우리는 이제 하늘의 사람으로 거듭났습니다. 이젠 땅의 사람이 아니라 하늘의 사람입니다. 영생하는 사람이 되었습니다. 그러므로 죽어도 다시 살게 되는 것입니다.

예수님이 재림하시면 우리를 하늘로 이끌고 가십니다. 하늘로 갈 때 흙에서 난 몸으로는 갈 수가 없습니다. 그래서 예수님이 재림을 하시면 흙에서 난 몸을 하늘의 몸으로 바꿔주시는 것입니다. 이를 변화된 하늘의 신령한 몸이라고 합니다. 하늘의 신령한 몸으로 에덴동산으로 돌아가게 되는 것입니다.

창세 전 언약을 보면 하나님은 하늘의 신령한 복을 주신다고 하셨습니다. 하늘의 신령한 복이란 흙에 속한 사람이 예수 그리스도를 통해서 하늘의 사람으로 거듭나는 것입니다.

하늘의 신령한 복은 땅에 있는 자에게 주어지는 것입니다. 그래서 이 땅에서 구원하는 일들이 벌어지는 것입니다. 아담의 범죄로 잃어버린 실낙원을 예수님이 이 땅에서 복낙원으로 찾아주시는 것입니다. 그곳이 새 하늘과 새 땅인 천년 왕국으로 나타나는 것입니다.

천년 왕국에 가서 아담이 에덴동산에서 하지 못한 것을 해야 합니다.

하나님의 말씀대로 생육하고 번성하는 일을 해야 합니다. 하나님의 말씀은 반드시 성취가 되어야 합니다. 그것은 예수님께서 하십니다. 아담이 뱀의 미혹으로 실패한 것을 예수님이 완성시켜 주게 되는 것입니다.

그러므로 천년 왕국은 반드시 피조된 세상 속에 있어야 하는 것입니다. 아담이 하지 못한 것을 예수 그리스도를 통해서 하여야 하기 때문입니다. 아담과 하와가 뱀의 미혹으로 실패한 천년 왕국을 예수님이 오셔서 뱀의 권세를 깨트리고 이루어주시는 것입니다.

아담은 에덴동산에서 생명과를 먹고 영생하는 자가 되어 생육하고 번성하여 땅에 충만해야 했습니다. 그러면 에덴동산이 하나님의 형상으로 낳아진 자들이 살아가는 하나님 나라가 되는 것입니다. 그런데 아담은 뱀의 미혹으로 하나님의 뜻을 이루지 못하고 쫓겨나고 말았습니다.

아담의 범죄로 실패한 것을 하나님은 예수님을 마지막 아담으로 보내서 첫 아담이 실패한 것을 회복시켜 주시는 것입니다. 그러면 예수님이 회복시키신 그 나라는 예수님의 나라가 되는 것입니다. 그래서 천국을 일컬어 '아들의 나라'라고 하는 것입니다. 이는 '하나님의 아들이 와서 회복하여 주신 나라'라는 뜻입니다. 예수님에 의해 생겨난 자들은 모두가 하나님의 아들들이 되어서 아들의 나라에서 살게 되는 것입니다.

23
셋째 하늘과 숨겨진 에덴동산 그리고 새 하늘과 새 땅

천지란 하늘과 땅입니다. 땅은 보이는 곳이고 하늘은 보이지 않는 곳입니다. 우리가 아는 세상은 보이는 이 세상입니다. 그러나 예수님은 우리가 보지 못하는 하늘 위의 세상도 만드시고 주관하십니다.

창세기 1장 1-2절을 봅시다.

> "1태초에 하나님이 천지를 창조하시니라 2땅이 혼돈하고 공허하며 흑암이 깊음 위에 있고 하나님의 신(神)은 수면에 운행하시니라"

태초에 하나님이 하늘과 땅을 창조하셨습니다. 하늘은 보이지 않는 세계이고, 땅은 보이는 세계입니다. 그런데 2절을 보면, 하늘은 사라지고 땅만 나타납니다. 하나님이 보이지 않는 세상을 예표하는 하늘은 감추어버리신 것입니다. 그래서 7일 창조를 땅에서 일어나는 것으로 보여주고 있는 것입니다.

창세기 1장은 온 인류 역사를 축약하고 있습니다. 마치 책의 첫

페이지와 같습니다. 책의 첫 페이지를 보면 그 책의 내용을 간략하게 목차로 보여줍니다.

10페이지에는 서론으로 이런 내용이고,
50페이지에는 본론으로 이런 내용이고,
100페이지는 결론으로 이런 내용이라는 식으로 보여주고 있습니다.

창세기 1장이 그러합니다. 책의 내용을 모두 망라하는 목차와 같습니다. 창세기 2장부터는 1장의 목차에 나와 있는 내용들이 전개가 되는 것입니다.

창세기 1장 1절을 보면 태초에 하나님이 천지를 창조하셨다고 합니다. 그런데 1장 2절을 보면 땅이 혼돈하고 공허하고 흑암이 깊음 중에 있다고 하면서 하늘은 사라져 버립니다. 하늘이 감추어져 있는 것입니다. 분명히 창조에 속한 하늘인데 감추어진 것입니다. 이것이 창세기 2-3장에서는 에덴동산으로 나타났다가 아담이 범죄하자 감추어진 것과 같습니다. 에덴동산은 감추어진 하늘과 같습니다.

하나님은 창세기 1장의 내용을 창세기 2-3장에서 샘플로 보여주십니다. 실제 역사는 창세기 4장부터 시작이 되는 것입니다. 그래서 하나님은 창세기 2-3장에서 보여주셨던 에덴동산을 역사 속에서 감추어버리신 것입니다.

1장에서 감추어진 하늘이, 2장에서는 에덴동산으로 나타납니다. 그런데 하나님은 아담이 범죄한 후에 하늘을 숨겨버렸듯이 에덴동산도 숨겨버리셨습니다.

하늘도 창조에 속하였고, 에덴동산도 창조에 속한 땅입니다. 아담이 실존 인물이듯이 아담이 살았던 에덴동산도 실재하는 땅입니다. 그런데 감추어져 있습니다. 하나님이 감추어버리신 것입니다. 죄인의 세계에서는 볼 수 없도록 하나님이 감추어버리셨습니다. 그곳은 죄 없는 자만이 볼 수 있고 갈 수 있기 때문입니다.

감추어진 에덴동산을 예수님이 재림하실 때 몰고 오십니다. 이를 새 하늘과 새 땅이라고 합니다. 이는 이 땅에서 죄 문제가 해결이 된 사람들이 살아가는 땅으로 주시고자 함입니다. 새 하늘과 새 땅은 새로운 피조물들이 살아가는 곳입니다.

하나님이 에덴동산을 상징하는 셋째 하늘을 어떻게 감추셨는지 살펴봅시다.

바울은 삼층천에 다녀왔습니다. 삼층천이란 셋째 하늘이라는 뜻입니다. 그러면 하늘이 세 개라는 뜻일 것입니다. 맞습니다. 하늘이 세 개입니다.

창세기 1장 6-8절을 봅시다.

"6하나님이 가라사대 물 가운데 궁창이 있어 물과 물로 나뉘게 하리라 하시고 7하나님이 궁창을 만드사 궁창 아래의 물과 궁창 위의 물

로 나뉘게 하시매 그대로 되니라 [8]하나님이 궁창을 하늘이라 칭하시
니라 저녁이 되며 아침이 되니 이는 둘째 날이니라"

잘 보시면 하늘이 세 개입니다. 하나님이 궁창을 만드십니다. 그리고 그 궁창을 중심으로 해서 궁창 위와 궁창 아래로 나누십니다. 궁창을 중심으로 두 세계가 나누어집니다. 이는 마치 시내 산 위와 시내 산 아래를 중간에 구름이 나누어버리는 것과 같습니다.

궁창 아래를 세상이라고 하고, 궁창 위를 하늘이라고 합니다.

그런데 아래와 위로 나누는 궁창도 하늘이라고 합니다.

그러면 궁창 위라는 하늘과, 궁창이라는 하늘과, 궁창 아래 하늘로 하늘이 세 개가 됩니다.

궁창 아래 있는 하늘은 첫째 하늘이고,
궁창이라는 하늘은 둘째 하늘이고,
궁창 위에 있는 하늘은 셋째 하늘이 되는 것입니다.

사도 바울이 갔다 온 삼층천이 궁창 위에 있는 하늘입니다.

사도 요한이 성령의 감동으로 보았던 천국입니다.

요한계시록이 말하는 천국이 바로 삼층천입니다.

삼층천은 영원한 천국이 아니고 영원한 천국을 예표하는 곳입니다.

천국이라는 말은 하늘 위에 있는 나라라는 뜻입니다. 우리가 눈으로 보는 이 세상의 첫째 하늘과 궁창이라는 둘째 하늘 너머에 있

는 나라가 바로 셋째 하늘이고, 그곳이 바로 천년 왕국 천국인 것입니다. 하나님이 하늘나라를 궁창 위로 숨겨버리신 것입니다. 거기에 부활하신 예수님이 계십니다. 일찍 죽임을 당한 성도들이 있습니다. 장차 예수님이 재림하실 때 이 나라를 몰고 오시는 것입니다. 그래서 하늘로부터 내려온다고 하는 것입니다.

하나님이 숨겨버리신 그 하늘나라는 예수님이 재림하시면 나타납니다. 예수님이 재림하실 때 셋째 하늘에 있던 흰옷 입은 무리들이 함께 따라오는 것입니다. 그러면 땅에 있는 성도들은 공중으로 이끌려 올라가서 그들과 만나서 함께 살게 되는 것입니다. 이를 천년 왕국이라고 합니다.

요한계시록 21장 1-2절을 봅시다.

> "[1]또 내가 새 하늘과 새 땅을 보니 처음 하늘과 처음 땅이 없어졌고 바다도 다시 있지 않더라 [2]또 내가 보매 거룩한 성 새 예루살렘이 하나님께로부터 하늘에서 내려오니 그 예비한 것이 신부가 남편을 위하여 단장한 것 같더라"

순서상으로 보면 요한계시록 21장은 예수님의 재림 후의 모습입니다. 하나님이 요한에게 새 하늘과 새 땅을 보여주십니다. 새 하늘과 새 땅을 거룩한 성 새 예루살렘이라고 합니다. 그런데 이것이 하늘로부터 내려옵니다. 이것은 예수님이 재림하시면서 몰고 오시는 그동안 감추어졌던 하늘나라인 것입니다. 이 나라는 예수님이 요한 복음 14장에서 내가 가서 너희를 위하여 처소를 마련한다고 하신 그 나라입니다.

24
처소를 예비하러 가신 예수님

"너희는 마음에 근심하지 말라 하나님을 믿으니 또 나를 믿으라 내 아버지 집에 거할 곳이 많도다 그렇지 않으면 너희에게 일렀으리라 내가 너희를 위하여 처소를 예비하러 가노니 가서 너희를 위하여 처소를 예비하면 내가 다시 와서 너희를 내게로 영접하여 나 있는 곳에 너희도 있게 하리라"(요 14:1-3).

예수님이 처소를 예비하러 가셨다가 다시 온다고 하십니다. 갔다가 다시 온다는 것은 재림을 말합니다. 이는 예수님이 재림하실 때 성도들이 살아갈 처소인 새 하늘과 새 땅을 몰고 오신다는 말입니다. 신부들을 그리로 데리고 가서 살게 되는 것입니다. 이건 마치 솔로몬과 술람미의 사랑 이야기와도 같습니다. 아가서를 보면 솔로몬과 술람미의 사랑 이야기가 나옵니다. 솔로몬은 술람미와 하룻밤을 자고서 내가 갔다가 다시 와서 나 있는 곳으로 데리고 가겠다는 약속을 하고 떠나갑니다. 술람미는 그 약속을 믿고 기다리게 됩니다. 이것은 예수님과 그 신부인 성도 간의 사랑 이야기인 것입니다.

이것이 이스라엘의 혼인 모습 속에 담겨져 있습니다.

이스라엘의 혼인 예식 속에는 예수님과 성도의 혼인 모습이 담겨져 있습니다. 이스라엘은 아들의 신붓감을 아버지가 미리 정해 놓습니다. 때가 되면 아버지가 아들을 미리 정해 놓은 신부에게 보냅니다. 이때 결혼 지참금을 주어서 신부를 값을 주고 사게 합니다.

이것은 아버지가 창세 전에 어린양의 신부들을 생명책에 녹명해 놓은 것과 같습니다. 때가 되면 하나님께서 예수님을 이 세상에 있는 신부들에게 보내십니다. 예수님은 아버지가 창세 전에 정해 놓으신 신부들을 자기 핏값으로 삽니다.

그리고 다시 와서 집으로 데리고 가겠다고 약속을 하고는 아버지께로 돌아갑니다. 그러면 신부는 신랑을 기다립니다. 때가 되면 신랑이 와서 신부를 집으로 데리고 가서 살게 되는 것입니다.

이스라엘의 결혼은 두 단계를 거칩니다.

먼저 약혼의 단계인데 결혼 지참금을 주고서 사는 단계입니다. 신랑은 신부를 값을 주고 사놓고는 곧바로 신랑 집으로 데려가지 않고, 2-3년 후에 다시 와서 그때 신랑의 집으로 데리고 가는 것입니다.

신랑은 신부를 값을 주고 사놓고서는 내가 처소를 예비하면 그때 다시 와서 내 집으로 데리고 가겠다고 약속을 합니다. 그러면 신부는 임자 있는 몸으로 조신하게 살면서 신랑을 기다리게 되는 것입니다. 약속한 때가 되면 신랑이 와서 신부를 자기 집으로 데리고 가서 성대하게 결혼식을 하게 됩니다.

이것은 마치 예수님이 초림으로 오셔서 자기 백성들을 핏값으로 사놓고는 다시 오신다는 약속을 하고서 하늘나라로 가신 것과 같습니다. 이제 때가 되면 다시 오셔서 이 땅에 있는 신부들을 하늘에 있는 예수님의 집으로 데리고 가서 성대하게 결혼식을 하게 되는 것입니다. 이것을 어린양의 혼인 잔치라고 합니다.

이를 두고 예수님은 요한복음 14장에서 '처소를 예비하러 갔다가 다시 온다'고 하신 것입니다. 예수님이 제자들에게 말씀하시기를 "처소가 예비되면 내가 다시 와서 나 있는 곳에 너희도 있게 하리라"고 하시지 않습니까? 이것은 예수님이 재림하셔서 자기 백성들을 하늘나라로 데려가시는 것을 말해 주고 있습니다.

성경은 구원을 두 가지로 보여 주고 있습니다.

첫째는, 값을 주고 사는 구원입니다.
둘째는, 장차 신랑의 집으로 영원히 옮겨가는 구원이 있습니다.

값을 주고 산 구원은 현재 받았습니다. 이것은 영적인 것입니다. 성령 안에서 이 구원을 이루어가고 있습니다. 그러나 장차 옮겨갈 그 나라는 지금 여기서는 감추어져 있습니다. 보이지 않는 세계입니다.

요한복음 14장에서 말하는 처소는 일차적으로는 성령을 말합니다. 성령이 오시면 우리 안에 하나님과 거하는 처소가 마련됩니다. 이 처소는 영적인 처소입니다. 그러나 실제로 장소적인 처소가 있습니다. 그것은 예수님이 재림하시면 몰고 오십니다.

예수님이 재림하셔서 우리를 그곳으로 옮겨주십니다. 성경은 예수님이 재림하실 때 자기 백성들을 이 땅에서 공중으로 이끌어 올리신다고 말씀합니다. 공중으로 이끌려 올라가는 그곳이 바로 보이지 않는 하늘나라인 것입니다. 삼층천인 것입니다.

삼층천이 하늘로서 내려오는 새 하늘과 새 땅입니다. 천년 왕국이 이루어지는 땅입니다. 여기가 어린양이 만왕의 왕이 되어서 다스리는 나라인 하늘에 있는 나라인 것입니다. 하지만 새 하늘과 새 땅도 피조 세계입니다.

성도들이 공중으로 이끌려 올라가면 이 세상은 불바다가 되는 것입니다. 땅에 속한 짐승들이 불로 심판을 당합니다. 이 세상이 유황불 못인 것입니다.

우리가 살고 있는 이 지구는 불구덩이입니다. 지구의 핵은 마그마가 들끓고 있습니다. 이것이 화산으로 폭발하여 나오는 것을 용암이라고 합니다. 장차 예수님이 재림하시면 이 지구는 큰 지진이 일어납니다. 그러면 용암이 분출할 것입니다. 지구는 불바다가 되는 것입니다. 그래서 성도들이 공중으로 이끌려가고 난 후 이 땅을 유황불 못이라고 하는 것입니다. 짐승들이 고통당하는 지옥인 것입니다.

그림을 그려 보십시오. 공중에서는 하나님의 말씀과 예수의 증거로 인하여 목 베임을 당한 성도들이 살아서 어린양과 더불어 천 년 동안 왕 노릇 하면서 살아가고 있고, 땅에서는 예수와 그 증인들을 핍박하던 적그리스도와 그를 추종하던 음녀의 세력들이 천 년 동안 유황불 못에서 고통을 당하고 있는 것입니다.

성도에게는 안식으로 갚아주시고, 마귀의 세력들에게는 환난으로 갚아주시는 것입니다. 이렇게 될 때 상 줄 자에게 상을 주고 벌 줄 자에게 벌을 주시는 하나님의 공의가 실현이 되는 것입니다.

바울은 이를 알았기에, 우리가 잠시 받는 고난은 장차 올 영광과는 족히 비교할 수가 없으므로 예수 때문에 잠시 고난당하더라도 낙심하지 말고 이겨 내라고 한 것입니다. 바울은 삼층천을 보았기 때문입니다. 그러기에 그 많은 환난들을 자기 몸에 그리스도의 고난을 새기는 것이라고 하면서 감사하고 기뻐하였던 것입니다.

우리는 믿음으로 이 사실을 보고 이겨 내는 것입니다. 성령께서 믿어지게 해 주십니다. 그러므로 우리는 삼층천을 보지 않고서도 믿는 것입니다. 그래서 예수님은 “보지 않고 믿는 자가 복 되도다”라고 말씀하신 것입니다.

25
복낙원, 생육하고 번성하고 충만하여 땅을 정복하라

그러면 천년 왕국 신랑의 집에 가서는 무엇을 할까요? 신혼 생활을 해야겠지요. 신랑과 더불어 알콩달콩 재미나게 살아가는 겁니다. 그것이 에덴동산의 회복으로 나타납니다. 그러면 하나님이 사람을 창조하신 목적을 살펴봅시다. 창조의 목적을 알면 천년 왕국에서 살아가는 모습도 알게 됩니다.

창세기 1장 26-28절 말씀입니다.

"[26]하나님이 가라사대 우리의 형상을 따라 우리의 모양대로 우리가 사람을 만들고 그로 바다의 고기와 공중의 새와 육축과 온 땅과 땅에 기는 모든 것을 다스리게 하자 하시고 [27]하나님이 자기 형상 곧 하나님의 형상대로 사람을 창조하시되 남자와 여자를 창조하시고 [28]하나님이 그들에게 복을 주시며 그들에게 이르시되 생육하고 번성하여 땅에 충만하라, 땅을 정복하라, 바다의 고기와 공중의 새와 땅에 움직이는 모든 생물을 다스리라 하시니라"

창세기 2장 4-15절 말씀입니다.

"[4]여호와 하나님이 천지를 창조하신 때에 천지의 창조된 대략이 이
러하니라 [5]여호와 하나님이 땅에 비를 내리지 아니하셨고 경작할 사
람도 없었으므로 들에는 초목이 아직 없었고 밭에는 채소가 나지 아
니하였으며 [6]안개만 땅에서 올라와 온 지면을 적셨더라 [7]여호와 하나
님이 흙으로 사람을 지으시고 생기를 그 코에 불어 넣으시니 사람이
생령이 된지라 [8]여호와 하나님이 동방의 에덴에 동산을 창설하시고
그 지으신 사람을 거기 두시고······ [15]여호와 하나님이 그 사람을
이끌어 에덴동산에 두사 그것을 다스리며 지키게 하시고"

하나님이 사람을 지으시되 하나님의 형상대로 창조하셨습니다. 그리고 하나님이 만드신 세상을 다스리라고 말씀합니다. 하나님께서 사람을 창조하신 목적은 하나님의 마음으로 하나님이 만드신 세상을 다스리는 것입니다. 이를 예수님을 통해서 보여주신 것입니다.

하나님의 형상으로 창조된 사람의 모습이 바로 예수 그리스도의 모습입니다. 예수 그리스도를 일컬어 "그는 근본 하나님의 형상의 본체시요"라고 합니다. 이는 예수 그리스도가 하나님의 형상대로 지음 받은 사람의 모습이라는 뜻입니다.

하나님은 그 아들 예수 그리스도에게 하나님 나라를 맡기셨습니다. 예수님은 아버지의 마음으로 하나님 나라를 다스리시게 됩니다. 이를 하나님 나라의 제사장이라고 합니다.

예수님을 일컬어 멜기세덱의 반차를 좇아서 오셨다고 합니다. 그렇다면 멜기세덱이 누구입니까? 그는 살렘 왕으로서 하나님의 제사장입니다. 살렘이란 평화라는 뜻입니다. 그래서 평강의 왕이라고 합니다. 하나님의 나라는 평화의 나라입니다. 멜기세덱은 그 평화의 나라 제사장입니다.

예수님이 누구십니까? 하나님의 형상대로 오신 사람입니다. 사람이지만 하나님 나라의 제사장입니다. 이것이 하나님의 형상대로 지음 받은 사람의 본질입니다.

하나님의 형상으로 지음 받은 사람은 피조 세계에서 하나님을 대신하는 자라는 뜻입니다. 이를 하나님의 제사장이라고 합니다. 제사장은 하나님의 마음으로 돌보는 자입니다. 하나님의 형상으로 사람을 만드신 것은 사람으로 하여금 하나님이 만드신 나라를 하나님을 대신하여 다스리라는 뜻입니다. 이를 왕 같은 제사장이라고 합니다.

아담은 왕 같은 제사장입니다. 그래서 하나님은 아담을 만드신 후 하나님의 나라를 상징하는 에덴동산에 두시고 다스리라고 하신 것입니다. 아담은 하나님의 마음으로 에덴동산을 다스려야 했습니다. 그런데 아담의 몸에서 나온 여자가 뱀에게 미혹당함으로써 실패하였습니다. 이에 하나님은 여자의 후손을 보내서 뱀의 머리를 깨트리게 하신다고 약속하십니다. 그 약속에 따라 예수님은 여자의 몸에서 태어나십니다.

예수님은 사람이지만 하나님의 아들이십니다. 왜냐하면 예수님은 성령으로 잉태하셨기 때문입니다. 예수님의 아버지는 하나님이십니다. 예수님은 여자의 몸을 빌려서 오신 것뿐입니다. 그래서 여자의 후손이 되는 것입니다.

예수님은 십자가에서 뱀의 머리를 깨트리셨습니다. 그리하여 죄와 사망에 갇혀 있던 자기 백성들을 구원해 내셨습니다. 예수님은 이들을 에덴동산을 상징하는 천년 왕국으로 데리고 가십니다. 거기서 혼인을 합니다. 이러면 천년 왕국은 에덴동산과 같은 곳이 되는 것입니다.

천년 왕국은 에덴 동산의 회복입니다.

아담과 하와가 에덴동산에서 뱀의 미혹으로 실패한 것을 예수님과 그의 신부들이 회복하게 되는 것입니다. 아담과 하와가 혼인을 해서 자식을 낳고 생육하고 번성하고 땅에 충만해야 하는데 죄로 인하여 실패하였습니다.

이것을 예수님이 그의 신부들과 혼인해서 실현을 하시는 것입니다. 천년 왕국에서는 예수님이 아담이고 우리는 하와입니다. 우리가 예수님의 신부가 되어서 마리아처럼 하나님의 아들들을 생산하게 되는 것입니다. 성도를 그리스도의 신부라고 하고 천국에 가는 것을 어린양의 혼인잔치에 참예하는 것이라고 말하는 것은 그냥 하는 말이 아닙니다. 첫 아담과 하와가 이루지 못한 것을 마지막 아담으로 오신 예수님과 성도가 이루어야 하기 때문입니다.

첫 아담은 실패하였지만, 마지막 아담인 예수님은 실패하지 않으셨습니다. 첫 아담에서 나온 하와는 뱀에게 미혹당했지만, 마지막 아담에게서 나온 성도는 뱀에게 미혹당하지 않습니다.

우리는 모두 예수님의 신부가 되어서 하나님의 아들들을 낳아주어야 합니다. 어떻게 낳는가 하면 창조의 방법으로 낳습니다. 예수님이 잉태하신 방법으로 성령으로 낳는 것입니다. 마치 마리아가 성령으로 예수를 잉태하였듯이 천년 왕국에 들어간 성도들도 마리아가 되어서 성령으로 하나님의 아들을 잉태하게 되는 것입니다. 이때 태어난 자들은 예수로 말미암아 낳은 자들이기 때문에 뱀의 미혹에 넘어가지 않습니다. 그래서 천년 왕국이 끝이 나면 뱀을 잠시 풀어서 천년 왕국에서 난 자들을 시험하게 하시는 것입니다.

이사야 65장 17-25절을 봅시다.

"[17]보라 내가 새 하늘과 새 땅을 창조하나니 이전 것은 기억되거나
마음에 생각나지 아니할 것이라 [18]너희는 나의 창조하는 것을 인하여
영원히 기뻐하며 즐거워할지니라 보라 내가 예루살렘으로 즐거움을
창조하며 그 백성으로 기쁨을 삼고 [19]내가 예루살렘을 즐거워하며 나
의 백성을 기뻐하리니 우는 소리와 부르짖는 소리가 그 가운데서 다
시는 들리지 아니할 것이며 [20]거기는 날 수가 많지 못하여 죽는 유아
와 수한이 차지 못한 노인이 다시는 없을 것이라 곧 백 세에 죽는 자
가 아이겠고 백 세 못되어 죽는 자는 저주받은 것이리라 [21]그들이 가
옥을 건축하고 그것에 거하겠고 포도원을 재배하고 열매를 먹을 것

이며 [22]그들의 건축한 데 타인이 거하지 아니할 것이며 그들의 재배
한 것을 타인이 먹지 아니하리니 이는 내 백성의 수한이 나무의 수
한과 같겠고 나의 택한 자가 그 손으로 일한 것을 길이 누릴 것임이
며 [23]그들의 수고가 헛되지 않겠고 그들의 생산한 것이 재난에 걸리
지 아니하리니 그들은 여호와의 복된 자의 자손이요 그 소생도 그들
과 함께 될 것임이라 [24]그들이 부르기 전에 내가 응답하겠고 그들이
말을 마치기 전에 내가 들을 것이며 [25]이리와 어린양이 함께 먹을 것
이며 사자가 소처럼 짚을 먹을 것이며 뱀은 흙으로 식물을 삼을 것이
니 나의 성산에서는 해함도 없겠고 상함도 없으리라 여호와의 말이
니라"

이사야 65장은 새 하늘과 새 땅에서 일어나는 이야기입니다. 새 하늘과 새 땅은 요한계시록 21장에서 하늘로서 내려오는 땅입니다. 이 땅은 아담과 하와가 살던 에덴동산입니다.

하나님이 아담과 하와가 범죄하자 그들을 에덴동산에서 쫓아내셨습니다. 아담을 쫓아내고 문을 걸어 잠급니다. 아담은 에덴동산에서 쫓겨나서 살게 됩니다. 아담이 쫓겨나서 살아가는 곳이 이 세상입니다.

예수님이 오시면 아담이 본래 살던 곳으로 돌아가게 되는 것입니다. 감추어졌던 그 에덴동산이 예수님의 재림 때 새 하늘과 새 땅으로 나타나는 것입니다. 그래서 하늘에서 내려온다고 말하는 것입니다.

이렇게 이해하시기 바랍니다. 아담이 에덴동산에서 이 세상으로

쫓겨났는데, 이것을 수직적으로 세워서 보십시오. 그러면 에덴동산은 하늘에 있고, 이 세상은 아래에 있는 것이 됩니다. 그래서 새 하늘과 새 땅이 하늘로서 내려온다고 하는 것입니다. 예수님이 재림하시면서 이 땅을 몰고 오십니다. 여기를 공중이라고 합니다. 예수님이 재림하시면 우리 모두가 공중으로 이끌려 올라갑니다.

공중이란 허공을 말하는 것이 아니고 하늘에 있는 땅이라는 뜻입니다. 그래서 새 하늘과 새 땅이 하늘로서 내려온다고 표현하는 것입니다. 이사야가 그 새 하늘과 새 땅인 천년 왕국에서 일어나는 일을 말해 주고 있는 것입니다. 천년 왕국에서 낳은 자들을 나무의 수한(壽限)과 같다고 합니다. 흔히들 천국에는 시집가고 장가가는 일이 없으니 아이를 낳지 않는다고 합니다.

이것은 예수님이 하신 말씀 때문입니다.

부활이 없다고 하는 사두개인들이 예수님을 시험하고자 묻습니다. 유대인들에게는 형이 자식을 낳지 못하고 죽으면 동생이 형수에게 들어가서 자식을 낳아주는 '계대 결혼법'이라는 것이 있습니다. 사두개인은 지금 계대 결혼법으로 예수님을 시험하는 것입니다.

어떤 사람이 형제가 일곱이 있습니다. 그 첫째가 장가를 가서 아들을 낳지 못하고 죽었습니다. 그럼 계대 결혼법에 의하여 동생이 형수에게 들어가서 자식을 낳아 주어야 합니다. 그런데 둘째가 형수에게 들어가서 자식을 낳지 못하고 또 죽었습니다. 셋째도 그랬고 넷째, 다섯째, 여섯째, 일곱째 다 그랬습니다. 그럼 부활 시에는 이 여자의 신랑이 누구입니까?

이에 예수님께서 너희가 오해하였다고 합니다. 부활 시에는 사람이 천사같이 되므로 거기에는 시집가고 장가가는 일이 없다고 하십니다. 천사같이 된다는 이 말씀 때문에 이사야가 말한 새 하늘과 새 땅에서 아이를 낳는다는 것을 실제로 믿지 못하고 영적으로 해석하는 것입니다.

알아야 할 것은, 부활을 하면 우리가 천사가 되는 것이 아닙니다. 예수님의 말씀은 부활 시에는 천사와 같은 하늘나라의 창조 원리로 살아간다는 말이지 우리가 천사가 된다는 말이 아닙니다. 천사는 천사이고, 아들은 아들입니다. 천사가 아들 되고, 아들이 천사 되는 일은 없습니다. 우리가 부활을 하면 하나님의 아들로서 살아가게 됩니다. 이때 천사들은 하나님의 아들들을 수종 드는 종으로 일을 합니다. 그래서 천사들이 성도들을 부러워한다고 하는 것입니다.

예수님의 말씀은, 천국은 우리가 서로 만나서 시집가고 장가가는 일이 없다는 것을 말해 주고 있는 것입니다. 천국은 우리가 서로 만나서 자식 낳고 사는 그런 동네가 아니란 뜻입니다. 이 세상에서 남녀가 만나 결혼을 하고 아이를 낳고 살아가는 것은 장차 우리가 예수님의 신부가 되어서 살아가는 것을 예표하는 것입니다.

우리는 모두가 예수 그리스도를 위하여 창조된 자들입니다. 우리가 존재하는 것이 목적이 아니고 예수 그리스도를 위하여 존재하는 것입니다. 이 땅에서는 우리가 남자와 여자로 살지만 천년 왕국에서는 모든 성도가 예수 그리스도의 신부로 살아가게 되는 것입니다.

예수님이 아담이고 우리는 하와입니다. 모든 성도는 예수 그리스도에게서 나온 한 몸입니다. 이것을 그리스도의 몸이라고 합니다. 그래서 성도의 구원을 우리를 위한 구원이라고 하지 않고 그리스도의 몸을 위한 구원이라고 하는 것입니다.

천국은 개별자로 사는 곳이 아니고 그리스도의 몸으로 사는 곳입니다. 그래서 교회를 일컬어 그리스도의 몸이라고 하고, 우리를 그 몸의 지체라고 하는 것입니다. 지체는 독자적으로 사는 것이 아니고 몸에 연합이 되어서 살아가야 하는 것입니다.

지체는 모두가 몸을 위하여 존재하는 것이므로 차별이 없습니다. 그래서 예수님이 재림하시면 한 나라가 순식간에 만들어진다고 하는 것입니다. 순식간에 만들어진다는 것은 차별이 없다는 것입니다.

이는 마치 출애굽 때에 온 이스라엘이 어린양의 피로 살아난 것과 같습니다.

어린양의 피로 하룻밤 사이에 한 민족이 생겨난 것입니다. 예수님이 재림하시면 자던 자들이 일어나고 살아 있던 자들도 홀연히 변화하여서 한 날 한 시에 태어나므로 차별이 없이 모두가 동등한 자로서 한 나라가 탄생이 되는 것입니다. 모두 어린양의 신부로 탄생이 되는 것입니다.

아담 안에서 나온 여자가 아담의 신부이듯이, 예수 안에서 나온 자들은 모두가 예수님의 신부인 것입니다. 모든 성도는 그리스도의 신부로서 구원을 받게 되는 것입니다. 그리스도의 신부가 되어서 그리스도의 하나님의 아들들을 낳게 되는 것입니다.

아이는 창조의 방법으로 낳게 될 것입니다. 마리아가 성령으로 예수를 잉태하여 낳은 것처럼 낳을 것으로 유추해 볼 수 있습니다. 우리가 마리아가 되어서 낳는 것입니다.

'마리아'라는 말은 '높다'라는 뜻인데, 이는 높은 곳에서 사는 자들이라는 뜻입니다. 하나님의 아들들을 낳을 자들은 높은 곳에서 살아가는 자들이라는 것입니다. 즉 마리아는 천국에서 하나님의 아들들을 낳아줄 자라는 뜻입니다. 그래서 예수님의 십자가 아래는 마리아들이 서 있었던 것입니다.

마리아는 성령으로 하나님의 아들이신 예수를 잉태하고 낳았습니다. 예수 그리스도로 구원을 받은 성도들은 마리아가 되어서 천년 왕국에서 하나님의 아들들을 낳아주어야 합니다. 그래서 새 하늘과 새 땅에서 태어난 자들을 여호와의 복된 자손이라고 하는 것입니다.

> "그들의 수고가 헛되지 않겠고 그들의 생산한 것이 재난에 걸리지 아니하리니 그들은 여호와의 복된 자의 자손이요 그 소생도 그들과 함께 될 것임이라"(사 65:23).

천국에서는 예수님이 신랑이고 우리 모두는 신부입니다. 우리는 모두가 마리아가 되는 겁니다. 예수님이 수많은 마리아를 신부로 맞이하시는 것입니다. 천년 왕국은 어린양이 신랑이고, 모든 성도는 신부로서 하나 되는 곳입니다.

이 모습이 아담 속에서 하와를 빼냈다가 다시 한 몸으로 만들어 주는 것으로 보여주었습니다. 예수 그리스도 안에서 나온 성도는 모두가 아담 안에서 나온 하와처럼 예수 그리스도와 한 몸이 되는 것입니다. 이것을 12가지 보석으로 지어진 성으로 어린양이 들어가는 것으로 표현하고 있습니다.

요한계시록 21장 1-23절을 봅시다.

"[1]또 내가 새 하늘과 새 땅을 보니 처음 하늘과 처음 땅이 없어졌고 바다도 다시 있지 않더라 [2]또 내가 보매 거룩한 성 새 예루살렘이 하나님께로부터 하늘에서 내려오니 그 예비한 것이 신부가 남편을 위하여 단장한 것 같더라…… [19]그 성의 성곽의 기초석은 각색 보석으로 꾸몄는데 첫째 기초석은 벽옥이요, 둘째는 남보석이요, 셋째는 옥수요, 넷째는 녹보석이요, [20]다섯째는 홍마노요, 여섯째는 홍보석이요, 일곱째는 황옥이요, 여덟째는 녹옥이요, 아홉째는 담황옥이요, 열째는 비취옥이요, 열한째는 청옥이요, 열두째는 자정이라 [21]그 열두 문은 열두 진주니 문마다 한 진주요 성의 길은 맑은 유리 같은 정금이더라 [22]성 안에 성전을 내가 보지 못하였으니 이는 주 하나님 곧 전능하신 이와 및 어린양이 그 성전이심이라 [23]그 성은 해나 달의 비췸이 쓸데없으니 이는 하나님의 영광이 비취고 어린양이 그 등이 되심이라"

새 하늘과 새 땅이 하늘에서 내려옵니다. 그곳을 거룩한 성 예루살렘이라고 합니다. 예루살렘 성을 뭐라고 합니까? 신부가 남편을 위하여 단장한 것 같다고 합니다.

그런데 예루살렘 성이 12가지 보석으로 지어졌습니다. 12가지 보석은 예수로 구원받은 모든 성도를 상징합니다. 그러므로 12가지 보석으로 지어진 예루살렘 성은 곧 모든 성도가 되는 것입니다.

12가지 보석으로 지어진 성에 누가 들어오느냐 하면 어린양이 신랑으로 들어옵니다. 어린양이 빛으로서 보석인 신부들로 지어진 그 성 안으로 들어오는 것입니다. 이는 둘이 한 몸이 되는 것과 같은 것입니다. 그러면 어린양은 신랑이 되고, 12가지 보석인 성도들은 모두가 신부가 되는 것입니다.

신랑은 하나인데 신부는 수없이 많은 것입니다. 그래서 예수 그리스도의 몸으로서 구원을 받는다고 하는 것입니다. 왜냐하면 모든 성도는 어린양의 피로서 구원을 받았기 때문입니다. 그러니 신랑은 어린양 하나이고 모든 성도는 신부가 되는 것입니다.

이 모습을 구약 시대 솔로몬이 일천 명의 부인을 둔 것으로 예표적으로 보여주었습니다. 이는 솔로몬이 여자를 탐하는 그런 이야기가 아닙니다. 솔로몬이 치세하던 시대는 천년 왕국을 상징하고 있습니다. 솔로몬의 이름이 평화라는 뜻인데, 이는 살렘 왕 멜기세덱과 같은 뜻입니다. 평강의 나라 살렘이 바로 천년 왕국인 것입니다.

솔로몬이 일천 명의 궁녀들을 둔 것은 어린양의 혼인잔치를 예표하고 있는 것입니다. 천 명이라는 말은 수없이 많다는 뜻입니다. 솔로몬이 수많은 여인들을 아내로 맞이한 것은, 예수님이 천년 왕국에서 모든 성도들을 신부로 맞이하는 것을 예표적으로 보여주고 있는 것입니다.

그래서 교회를 여성 명사로 쓰고 있는 것입니다. 천년 왕국에는 이 세상에서의 남자와 여자와 같은 개념이 없습니다. 남자나 여자나 모두가 다 동등한 어린양의 신부입니다. 예수님 앞에서는 남자나 여자나 모두가 구속받은 성도들이기 때문입니다.

천년 왕국에서 어린양과 성도를 신랑과 신부라고 하는 것은, 에덴동산에서 아담과 하와가 뱀의 미혹으로 실패한 삶을 예수님이 그의 성도들과 회복해야 하는 것이기 때문입니다. 이는 반드시 일어나야 합니다. 그래야 하나님이 아담에게 하신 말씀이 온전히 성취되는 것입니다.

26
사람의 아들에서 신의 아들로

천국이라는 말은 '하늘나라'라는 뜻입니다. '하늘나라'라는 말은 하늘에 있는 '하나님이 사는 나라'라는 뜻입니다. '신들이 사는 나라'라는 말입니다.

우리가 그곳으로 가는 것입니다. 신의 아들들이 되어서 말입니다. 예수님이 신이잖아요. 그러면 예수님에게서 낳아진 자들도 신의 아들들이 되는 것입니다. 그래서 예수 그리스도로 인해 낳아진 성도들을 일컬어 하나님의 아들들이라고 하는 것입니다.

하나님의 아들을 어떻게 낳느냐 하면 성령으로 낳습니다. 성령을 아들의 영이라고 하는 것도 다 이런 이유 때문입니다. 아들의 영을 받은 자는 하나님의 아들입니다. 하나님의 아들이기 때문에 하나님 나라에 가서 하나님과 함께 영원히 살게 되는 것입니다.

예수님도 신이고, 성령도 신입니다. 그러므로 성령으로 거듭난 성도도 신의 아들이 되는 것입니다. 신의 아들이 되어서 이 세상 바깥에 있는 신들이 사는 태초라는 그 신의 나라로 가는 것입니다.

창세 전 언약은 신의 아들을 낳는 언약입니다. 그 아들의 피로 거룩함을 입은 자를 하나님의 아들들이라고 합니다. 아버지가 신이면 아들도 신입니다. 예수님이 역사에 오신 것은 신의 아들들을 낳고자 하심입니다.

구원이란 사람의 아들이 하나님의 아들이 되는 것입니다.

누구에 의해서 하나님의 아들이 되느냐 하면 참 하나님의 아들이신 예수님을 통해서 됩니다. 참 하나님의 아들이 이 세상에 오셔서 하나님의 아들들을 낳아주는 것입니다. 이것이 예수님이 자기 백성을 구원하시는 이야기인 것입니다.

이것을 천지 창조로 보여주었습니다. 그래서 창세기 1장 2절에서는 죄와 사망을 상징하는 흑암이 나오는 것입니다. '땅이 공허하고 흑암이 깊음 중'이라는 말은 죄를 상징하고 죽음을 상징합니다. 이러한 곳에 하나님의 신이 운행하고 있습니다.

무슨 말입니까? 죄와 사망이라는 동네에 성령이 어떤 일을 하시려고 운행하고 있다는 뜻입니다. 운행이라는 말은 새가 알을 품어서 새끼로 부화시키려는 모습을 말합니다. 그러므로 성령이 알을 부화시켜 새끼를 낳듯이 죽음에서 살려내는 일을 하시려고 대기하고 있다는 뜻입니다.

이때 "빛이 있으라"는 하나님의 말씀이 떨어집니다. "빛이 있으라"는 말은 빛을 불러내는 것입니다. 흑암을 죄와 사망이라고 하였으므로 하나님이 죄와 사망이라는 동네에 있는 자기 백성들에게 소리를 치시는 것입니다. 그러자 그 속에서 빛의 아들들이 나오는 것입니다.

이것은 예수님이 무덤 속에 있는 나사로를 불러내시는 것과 같습니다. 예수님이 무덤 앞에서 "나사로야"라고 부르시자 나사로가 사망권세를 뚫고 나오는 것입니다. 이런 일이 예수님이 재림하실 때 우주적으로 일어나게 되는 것입니다.

예수님이 재림하실 때 하나님의 나팔이 울려 퍼질 것입니다. 나팔 소리가 바로 예수님이 무덤 속에 있는 나사로를 불러내는 음성과 같은 것입니다. 예수님의 음성에 무덤 속에 있던 나사로가 살아나서 무덤 속에서 나왔듯이, 예수님이 재림하실 때 하나님의 나팔 소리에 자던 자들이 다 일어나고 살아남은 자들도 변화를 받게 됩니다. 그리하여 공중에서 그리스도와 함께 만나게 됩니다.

예수님이 재림하시기 전에는 영적으로 누렸지만 천년 왕국에서는 실제적으로 누리게 됩니다. 그래서 천년 왕국에서의 삶이 다 끝나고 천 년이 차면 사단을 잠시 풀어서 천년 왕국에서 난 자들을 미혹하게 하는 일을 해 보는 것입니다. 이것이 곡과 마곡의 전쟁으로 나타나는 것입니다.

곡과 마곡의 전쟁은 에스겔 38-39장에 나오는 이야기입니다. 이 전쟁은 두 가지 의미의 전쟁을 담고 있습니다. 에스겔 36장을 보면 하나님이 때가 차면 바벨론에 포로로 잡혀간 자들을 고토로 돌아오게 합니다. 이들에게 하나님은 새 언약을 세웁니다. 새로운 이스라엘로 나타나게 됩니다. 이들이 37장에서 마른 뼈들이 생기로 살아나서 큰 군대를 이루는 것으로 말해주고 있습니다. 이렇게 생기로 살아난 자들에게 다윗을 영원한 왕으로 세워서 영원한 화평의 언약을 맺고 하나님이 그들을 성소로 삼습니다.

그런데 38-39장에 곡과 마곡이 나타나 전쟁을 치릅니다. 이 전쟁에서 이스라엘은 하나도 상하지 않고 곡과 마곡만 하늘에서 내리는 불로 완전히 소멸이 됩니다. 이 전쟁을 일컬어 하나님의 거룩을 나타내는 전쟁이라고 합니다. 이 전쟁이 바로 천년 왕국 후에 일어나는 사단의 전쟁을 말해주고 있는 것입니다. 이 전쟁이 끝난 후 성신이 성전을 짓습니다. 이것이 40장부터 마지막 48장까지 보여줍니다.

이 성전은 인간이 짓는 것이 아니고 성신이 짓습니다. 이것은 이 세상 바깥에 있는 영원한 하나님 나라를 의미합니다. 그래서 성신이 지은 성이 요한계시록 21장의 보석으로 지어진 예루살렘 성처럼 나타나는 것입니다. 이렇게 성신이 지은 성읍의 이름을 "여호와 삼마"라고 합니다. 이는 "여호와가 그 가운데 거하신다"라는 뜻입니다.

곡과 마곡의 전쟁은 이중적 계시가 있습니다. 첫 번째는 예수님의 재림 때 일어나는 아마겟돈 전쟁으로도 말해주고 있고, 두 번째는 천년 왕국 후에 일어나는 역사의 마지막 때 사단을 완전히 심판하는 전쟁을 말해주고 있습니다. 그러니까 에스겔의 성신이 지은 성전과 성읍들도 천년 왕국과 그 후에 주어지는 영원한 하나님 나라를 보여주는 이중적인 계시를 담고 있는 것입니다.

27
사단을 이긴 자들

천년 왕국은 영생하는 하나님 나라를 예표하는 피조 세계 속의 생명의 세계입니다. 그러므로 천년 왕국에서는 죽음이 없습니다. 이는 사단이 감금되고 죄가 없기 때문입니다.

요한계시록 22장 1-5절을 보십시오.

"[1]또 저가 수정같이 맑은 생명수의 강을 내게 보이니 하나님과 및 어
린양의 보좌로부터 나서 [2]길 가운데로 흐르더라 강 좌우에 생명나무
가 있어 열두 가지 실과를 맺히되 달마다 그 실과를 맺히고 그 나무
잎사귀들은 만국을 소성하기 위하여 있더라 [3]다시 저주가 없으며 하
나님과 그 어린양의 보좌가 그 가운데 있으리니 그의 종들이 그를 섬
기며 [4]그의 얼굴을 볼 터이요 그의 이름도 저희 이마에 있으리라 [5]다
시 밤이 없겠고 등불과 햇빛이 쓸데없으니 이는 주 하나님이 저희에
게 비취심이라 저희가 세세토록 왕 노릇 하리로다"

천년 왕국은 생명수를 먹고 살아가는 곳입니다. 생명수를 먹고 생명나무 과실을 먹기 때문에 저주가 없습니다. 그러므로 천년 왕국에서 사는 사람들은 죽음을 이긴 자로서 왕 노릇 하게 되는 것입니다.

천년 왕국에서 생명나무 과실과 생명수를 먹고 낳아진 자들은 죄 없는 자로 태어나게 됩니다. 그래서 죽음이 없는 자로 살아가게 되는 것입니다. 이를 이사야 선지자는 나무의 수한과 같다고 하였습니다. 나무의 수한과 같다는 말은 죽지 않는다는 말입니다. 20절 때문에 오해를 하는데 이는 반어법(反語法)입니다.

> "거기는 날 수가 많지 못하여 죽는 유아와 수한이 차지 못한 노인이 다시는 없을 것이라 곧 백 세에 죽는 자가 아이겠고 백 세 못되어 죽는 자는 저주받은 것이리라"(사 65:20).

천년 왕국에서는 날 수가 많지 못하여 죽는 유아와 수한이 차지 못한 노인이 다시는 없을 것이라고 합니다. 이는 일찍 죽는 아이도 없고, 늙어서 죽는 노인도 없다는 뜻입니다. 이런 일이 일어나지 않는다는 뜻입니다.

백 세에 죽는 자는 아이겠고, 백 세 못되어 죽는 자는 저주받은 것이라는 말도 이러한 일이 일어나지 않는다는 반어법적 표현입니다. 왜냐하면 그곳은 죄가 없는 곳이기 때문입니다. 죄 없이 태어나기 때문에 죽음이 그들을 주장할 수 없는 것입니다.

이사야 65장 23절을 보세요.

"그들의 수고가 헛되지 않겠고 그들의 생산한 것이 재난에 걸리지 아니하리니 그들은 여호와의 복된 자의 자손이요 그 소생도 그들과 함께 될 것임이라"

"그들의 생산한 것이 재난에 걸리지 아니한다"라고 하지요. "재난에 걸리지 아니한다!"라는 말은 '베하라'라고 하는데, 이는 '고통을 당하는 아이를 낳지 않을 것이며'라는 뜻입니다. 무슨 말인고 하니 천년 왕국에서 낳아지는 자녀들은 사망이나 아픈 것이나 곡하는 것이나 애통하는 것이 없는 자로 낳아진다는 뜻입니다. 왜냐하면 예수님처럼 성령으로 잉태하여 태어나는 하나님의 아들들이기 때문입니다.

이사야는 지금 새 하늘과 새 땅에서 일어나는 이야기를 하고 있습니다. 이사야가 본 새 하늘과 새 땅은 요한계시록에서 말하는 새 하늘과 새 땅입니다. 그러므로 이사야의 이야기나 요한계시록의 이야기는 같은 이야기인 것입니다.

요한계시록 21장 3-7절을 봅시다.

"[3]내가 들으니 보좌에서 큰 음성이 나서 가로되 보라 하나님의 장막이 사람들과 함께 있으매 하나님이 저희와 함께 거하시리니 저희는 하나님의 백성이 되고 하나님은 친히 저희와 함께 계셔서 [4]모든 눈

물을 그 눈에서 씻기시매 다시 사망이 없고 애통하는 것이나 곡하
는 것이나 아픈 것이 다시 있지 아니하리니 처음 것들이 다 지나갔음
이러라 5보좌에 앉으신 이가 가라사대 보라 내가 만물을 새롭게 하
노라 하시고 또 가라사대 이 말은 신실하고 참되니 기록하라 하시고
6또 내게 말씀하시되 이루었도다 나는 알파와 오메가요 처음과 나중
이라 내가 생명수 샘물로 목마른 자에게 값없이 주리니 7이기는 자는
이것들을 유업으로 얻으리라 나는 저의 하나님이 되고 그는 내 아들
이 되리라"

새 하늘과 새 땅에는 눈물도 없고, 고통도 없고, 사망도 없고, 애통하는 것이나 곡하는 것이나 아픈 것이 다시 있지 아니하리라고 합니다. 왜 그렇습니까? 그곳은 죄가 없는 곳이기 때문입니다.

천년 왕국에는 죄가 없기 때문에 죽는 것도 없고, 애통할 일도 없고, 곡하는 일도 없고, 아픈 것도 없고, 눈물 흘릴 일도 없는 것입니다. 그곳은 사자와 어린 양이 함께 놀고 어린아이가 독사 굴에 손을 넣어도 상함이 없는 곳입니다. 왜냐하면 그곳은 평화의 나라로서 죽음이 없는 생명의 세계이기 때문입니다. 마치 에덴에서 흐르는 생수가 온 세상에 흘러 넘쳐서 생명을 낳는 일을 하였듯이 생명수가 생명을 낳는 일을 하기 때문입니다. 그러므로 거기서 낳아진 자는 죽음이 없는 것입니다. 이걸 천 년 후에 죽는지 안 죽는지 시험을 하는 겁니다.

그래서 하나님이 천 년 후에 마귀를 잠깐 풀어서 시험하시는 것입

니다. 이는 첫 아담이 실패한 것을 예수님이 회복하셔야 창세 전 언약이 완성되기 때문입니다. 이 시험은 넘어지게 하는 시험이 아니고 확인하는 시험입니다. 예수님과 그의 신부들이 낳은 자들은 죄와 사망을 이긴 자들이라는 것을 확증하는 것입니다.

하나님의 아들은 천사들을 부리는 자입니다.

죄 아래 있을 때는 천사보다 못한 자로 살았지만, 하나님 나라에서는 하나님의 아들로서 천사들을 종으로 부리게 되는 것입니다. 마귀도 하나님이 부리는 영으로서 천사입니다. 하나님이 부리는 종입니다. 죄 아래 있을 때는 우리가 마귀의 종 노릇 했습니다. 하지만 천국에서는 우리가 하나님의 아들로서 주인이고 마귀는 종입니다. 그래서 천년 왕국에서 낳아진 하나님의 아들들은 사단의 미혹을 이기게 되는 것입니다.

첫 아담은 실패하였지만 마지막 아담인 예수 그리스도는 이긴 자입니다. 예수 그리스도 안에서 난 자들은 이긴 자이기 때문에 사단을 이기게 되는 것입니다. 그러므로 천 년 후에 일어나는 사단의 시험은 시험하는 자를 이기게 하는 시험인 것입니다.

이들은 영생하는 자입니다. 그 안에 하나님의 생명이 있고, 영생하는 자는 사망이 이기지를 못합니다. 이를 확인하기 위하여 천 년이 차면 잠시 사단을 풀어서 이들을 시험해 보는 것입니다.

하나님이 사단에게 욥을 시험케 하셨듯이 시험해 보라고 하는 것입니다. 그러나 천년 왕국에서 낳아진 자들은 사단의 미혹에 넘어가지 않는 것입니다. 그래서 천년 왕국에서 태어난 자들을 여호와의 복된 자손이라고 하는 것입니다.

천년 왕국에서 낳아진 자들은 사람의 아들이 아니고 하나님의 아들들이 되어서 하나님 나라로 당당하게 들어가게 되는 것입니다.

예수님이 이들을 데리고 당당하게 아버지 앞에 가서 '아버지, 제가 아버지께서 주신 자들을 하나도 빠짐없이 다 데리고 왔습니다'라고 보고하게 되는 것입니다. 그러면 아버지께서 '아들아, 수고했다'고 하시면서 그 나라를 아들에게 주어서 영원토록 다스리게 하시는 것입니다.

28
백보좌 심판

계 20:11-14

"[11]또 내가 크고 흰 보좌와 그 위에 앉으신 자를 보니 땅과 하늘이 그
앞에서 피하여 간 데 없더라 [12]또 내가 보니 죽은 자들이 무론대소하
고 그 보좌 앞에 섰는데 책들이 펴 있고 또 다른 책이 펴졌으니 곧
생명책이라 죽은 자들이 자기 행위를 따라 책들에 기록된 대로 심판
을 받으니 [13]바다가 그 가운데서 죽은 자들을 내어주고 또 사망과 음
부도 그 가운데서 죽은 자들을 내어주매 각 사람이 자기의 행위대로
심판을 받고 [14]사망과 음부도 불 못에 던지우니 이것은 둘째 사망 곧
불 못이라 [15]누구든지 생명책에 기록되지 못한 자는 불 못에 던지우
더라"

예수님이 재림하시면 성도들은 하늘로 올라갑니다. 그리고 불신자들은 이 땅에 그대로 남게 되고, 이 땅은 유황불 못이 되고 맙니다. 이것을 사망과 음부라고 합니다.

성도들은 천 년 동안 새 하늘과 새 땅에서 그리스도와 더불어서 왕 노릇 하고 살아가고, 불신자들은 마귀와 더불어 이 땅 유황불 못에서 고통당하게 됩니다. 그리고 천 년이 차면 최후 심판이 이루어집니다. 영생과 영벌로 갈라지는 심판이 일어납니다.

이때 역사 속에 존재하였던 모든 자들이 살아납니다. 이것을 심판의 부활이라고 합니다. 이때 사단에게 속한 자들은 각각의 행위에 따른 최후의 심판을 받게 됩니다. 이를 백보좌 심판이라고 합니다.

하나님의 백보좌 앞에 두 가지 책이 있습니다.

하나는 '책'이고, 다른 하나는 '책들'입니다. '책'은 단수이고, '책들'은 복수입니다. 단수인 하나의 책은 생명책이고, 복수인 다른 하나의 책들은 심판의 책입니다.

생명책은 산 자들의 책인 어린양의 생명책입니다. 다른 책들은 죽은 자들의 책인 뱀의 후손들의 이름이 적힌 사망의 책들입니다. 생명책에 녹명이 된 자들은 심판 없이 태초라는 하나님 나라로 들어가서 영생을 하게 됩니다. 그러나 다른 책들에 이름이 적힌 뱀의 후손들은 자기 행위대로 심판을 받습니다.

성도들의 행위는 예수님이 대신 담당해 주셨기 때문에 성도들은 행위로 인한 심판이 없습니다. 그러나 뱀의 후손들은 그들의 죄를 누가 대신 담당하여 주는 자가 없기 때문에 자기 행위대로 심판을 당하게 되는 것입니다.

뱀의 후손들은 각자 행위대로 심판을 받고 영벌의 나라인 창세 전에 예비된 지옥으로 들어가서 세세토록 고통을 당하게 됩니다. 이를 둘째 사망이라고 합니다. 그러나 생명책에 녹명이 된 성도들은 둘째 사망이 없습니다. 그래서 첫째 부활에 참예하여서 천년 왕국에서 살던 자들은 둘째 사망의 해를 받지 아니한다고 하는 것입니다.

두 부활이 있고, 두 사망이 있습니다.

예수님의 재림 때 일어나는 부활은 성도들을 위한 부활이고, 천년 왕국 후에 일어나는 부활은 불신자들의 부활입니다. 예수님의 재림 때 일어나는 부활은 첫째 부활로서 생명의 부활이고, 천년 왕국 후에 일어나는 부활은 심판의 부활입니다. 그래서 첫째 부활에 참예하는 자는 복이 있는 자라고 하는 것입니다. 둘째 사망이 그들을 다스릴 수가 없다고 하는 것입니다.

둘째 사망이란 영원한 불 못에 들어가는 것을 말합니다. 이것은 역사 바깥에 있는 불 못을 말합니다. 이를 창세로부터 예비된 영영한 지옥이라고 합니다.

원본과 복사본의 두 천국이 있듯이, 원본과 복사본의 두 지옥이 있습니다.

보이는 세상은 보이지 않는 것으로 말미암았다고 하였습니다. 보이는 것은 이 세상이고, 보이지 않는 것은 하나님 나라입니다. 하나님 나라는 원본이고, 이 세상은 복사본입니다. 그러므로 이 세상에는 하늘의 식양을 본 딴 복사본들이 있는 것입니다.

이 땅의 천년 왕국이 하늘의 천국을 예표하듯이, 이 땅의 지옥도 하늘의 지옥을 예표하고 있는 것입니다. 쉬운 말로 원본 천국과 복사본 천국이 있듯이, 원본 지옥과 복사본 지옥이 있는 것입니다.

역사 속에 있는 복사본 천국은 천년 왕국이고, 묵시 속의 원본 천국은 태초의 하나님 나라입니다. 역사 속의 복사본 지옥은 이 땅의 유황불 못이고, 묵시 속의 원본 지옥은 영원한 불 못이라는 지옥입니다.

예수님이 재림하시면, 자기 백성들을 이 땅에서 공중으로 빼내고 난 후 이 땅을 심판하십니다. 그러면 이 땅은 사단의 백성들이 들어가는 유황불 못 지옥이 되는 것입니다. 그리고 천 년 후 백보좌 심판 후에는 이 세상 바깥에 있는 영원한 지옥이 있는 것입니다.

백보좌 심판이 끝나면 이 세상은 두루마리 말리듯이 사라집니다. 왜냐하면 이 세상은 창세 전 언약을 위하여 창조가 된 것인데, 천년 왕국을 끝으로 창세 전 언약은 다 완성이 되었기 때문에 더 이상 존재할 필요가 없는 것입니다.

마치 아파트를 다 짓고 나면 모델 하우스를 철거하듯이 이 세상도 철거가 되는 것입니다. 그래서 천년 왕국이 끝나고 최후의 심판이 일어날 때 여호와의 복된 자손들을 시험하던 뱀의 후손들인 곡과 마곡을 완전히 멸망시켜버리게 되는 것입니다.

이를 두고 사망과 음부도 영원한 불 못 속에 던져진다고 하는 것입니다. 그러면 창세기 1장에서 창조된 세상은 자취를 감추어버리게 되고 영원한 하나님 나라만 남게 되는 것입니다. 이 나라를 다니엘은 "영원하고 영원하고 영원하리라"고 하였습니다.

"지극히 높으신 자의 성도들이 나라를 얻으리니 그 누림이 영원하고 영원하고 영원하리라"(단 7:18).

성도들은 영원히 쇠하지 아니하는 그 나라를 받게 되는 것입니다. 영원히 쇠하지 아니하는 나라는 피조 바깥에 있는 하나님의 나라입니다. 창세 전에 어린양의 생명책에 녹명된 자들은 하나님이신 예수님으로부터 태어난 하나님의 아들들이 되어서 영원한 하나님의 나라에서 하나님과 '영원하고 영원하고 영원한' 영생을 누리게 되는 것입니다.

이 얼마나 놀라운 일입니까! 이제 그날이 문 앞에 가까이 왔습니다. 그러니 설렘과 기쁨으로 기다려야 합니다. 세상의 종말은 성도들이 공중에 있는 나라로 이사를 가는 날입니다. 헌 집을 버리고 새 집으로 이사를 가는 날입니다. 슬픈 날이 아니고 기쁜 날인 것입니다. 이 얼마나 놀랍고 황홀한 일입니까? 설레지 않습니까? 우리의 구원이 이렇게 귀하고 황홀한 것입니다. 이것을 알아야 세상을 이길 수 있습니다.

저는 하나님이 펼치시는 창세 전 언약이라는 장엄한 대하(大河)

드라마를 보면 가슴이 쿵쾅거리고, 호흡이 가빠지고, 맥박이 빨라지고, 흥분이 됩니다.

'야아~ 잠시 후면 예수님을 만나겠구나!'

'이 세상의 수고하고 무거운 짐을 다 훌훌 털어버리겠구나!'

이러한 성경의 계시가 우리에게는 엔도르핀입니다.

바울을 보십시오. '너희들 보기에 내가 넘어진 것처럼 보여도 넘어진 것이 아니다! 너희들 보기에 내가 아무것도 없는 빈털터리 가난뱅이 같지만 실상은 모든 것을 가진 자다! 그렇기 때문에 너희들이 나를 보고 욕을 해도 나는 너희를 축복할 수가 있고, 너희가 조롱해도 웃을 수 있다'라고 하는 것입니다.

이 당당함이 어디서 나왔을까요? 삼층천을 보고 나니 이 세상이 작아 보이는 것입니다. 세상에서 실패해도 실패가 아니라는 것을 안 것입니다. 그러니 세상의 조롱에도, 세상 권세 앞에서도 기죽지 않고 당당하게 산 것입니다. 우리가 이런 대단한 존재들입니다. 그러니 자긍심을 가지시기 바랍니다. 기죽지 말고 당당하게 사십시오. 제발 눈 좀 크게 뜨시고, 세상을 보고 때를 읽으시기 바랍니다.

에서처럼 돈 몇 푼 때문에 믿음을 팔아먹지 말고, 세상 살기 어렵다고 징징대지 말고, 땅강아지처럼 땅에만 코 박고 살지 말고 하늘에 속한 사람답게 하늘을 우러러보고 사십시오.

이 세상 자체가 허상입니다. 그러니 부자라고 잘난 척하지 말고 가난하다고 기죽지 마십시오. 왜냐하면 우리는 땅에 속한 자가 아니라 하늘에 속한 자이기 때문입니다. 애굽의 떡을 먹고 사는 자가 아니라 하늘의 만나를 먹고 살아가는 자들이기 때문입니다.

성도는 낮에 속한 자들입니다. 그러므로 어둠이라는 이 세상 것으로 인하여 실족하지 않는 것입니다. 왜냐하면 성도는 떡의 가치로 살지 않고 하나님 말씀의 가치로 살아가기 때문입니다. 언약을 믿음으로 살아가기 때문입니다.

예수 안의 삶은 세상의 가치로 판단하지 않기 때문에 세상의 빈부에 영향을 받지 않습니다. 재물의 힘으로 살지 않기 때문에 부하든지 가난하든지 신앙생활을 하는 데에는 전혀 영향을 받지 않는 것입니다. 빈부가 다 이 세상의 가치이므로 부자라서 좋아하고 가난하다고 해서 비관하지도 않는 것입니다. 부자도 허상이고 가난도 허상입니다. 이 세상은 드라마와 같습니다. 드라마 속에 왕이라고 하여도 자랑할 것이 못 되고 종이라고 하여도 낙심할 것이 아닙니다. 각자 맡은 역할을 하고 난 후 드라마가 종영이 되면 각자의 위치로 돌아가는 것이기 때문입니다. 하나님은 드라마가 끝이 나면 각자의 처소로 들어가게 하십니다. 염소는 염소의 우리로 들어가게 하고 양은 양의 우리로 들어가게 하십니다. 양은 영생의 세계로 염소는 영벌의 세계로 들어가게 되는 것입니다.

우리의 모습이 초라하여도 하나님 아들들입니다. 그러니 당당하게 사십시오. 예수님이 촌사람처럼 보여도 하나님의 아들입니다.

우리도 마찬가지입니다. 비록 겉사람은 후패하고 보잘것없지만 속사람은 어린양의 신부들입니다. 그러니 세상 가치로 자신을 평가하지 말고 하나님의 아들답게 당당하게 사시기 바랍니다.

29
믿음은 바라는 것들의 실상이요

믿음은 바라는 것들의 실상이요 보지 못한 것들의 증거입니다.

"믿음은 바라는 것들의 실상이요 보지 못하는 것들의 증거니 선진들이 이로써 증거를 얻었느니라"(히 11:1).

우리가 바라는 것이 무엇입니까?

이생입니까?

내생입니까?

무엇을 바라보고 살아가고 있습니까?

믿음의 조상인 아브라함이 어떻게 살았는지를 보면 우리의 삶을 알 수가 있습니다.

히브리서 11장 8-16절을 보십시오.

"[8]믿음으로 아브라함은 부르심을 받았을 때에 순종하여 장래 기업으로 받을 땅에 나갈새 갈 바를 알지 못하고 나갔으며 [9]믿음으로 저가 외방에 있는 것같이 약속하신 땅에 우거하여 동일한 약속을 유업으로 함께 받은 이삭과 야곱으로 더불어 장막에 거하였으니 [10]이는 하나님의 경영하시고 지으실 터가 있는 성을 바랐음이니라…… [13]이 사람들은 다 믿음을 따라 죽었으며 약속을 받지 못하였으되 그것들을 멀리서 보고 환영하며 또 땅에서는 외국인과 나그네로라 증거하였으니 [14]이같이 말하는 자들은 본향 찾는 것을 나타냄이라 [15]저희가 나온 바 본향을 생각하였더면 돌아갈 기회가 있었으려니와 [16]저희가 이제는 더 나은 본향을 사모하니 곧 하늘에 있는 것이라 그러므로 하나님이 저희 하나님이라 일컬음 받으심을 부끄러워 아니하시고 저희를 위하여 한 성(城)을 예비하셨느니라"

아브라함은 가나안에 와서 하늘에 있는 한 성(城)을 보았습니다. 그래서 가나안에서 나그네의 삶을 살았던 것입니다. 비록 거부로서 세상의 재물이 많이 있었지만 그것을 의지하지 않고 이 땅에서 나그네와 행인처럼 하늘에 있는 한 성을 바라보고 살아갔습니다.

하늘에 있는 그 성이 바로 천년 왕국입니다. 사도 바울이 다녀온 삼층천입니다. 사도 요한이 보았던 요한계시록의 천국입니다.

우리가 돌아갈 집이 바로 아브라함이 보았던 하늘에 있는 그 성입니다. 하늘 예루살렘 성입니다. 신랑 되신 예수께서 처소를 예비하신다고 한 바로 그 집인 것입니다.

믿음은 보지 못한 세계를 보라고 주신 것입니다. 아브라함이 갈

대아 우르에서 나올 때는 하나님이 주시고자 하신 땅이 가나안 땅인 줄 알았습니다. 그런데 가나안에 막상 들어오고 나니 하나님은 아브라함에게 하늘에 있는 한 성을 보여주셨습니다. 저기가 약속한 땅이라고 합니다.

이에 아브라함은 가나안에서 나그네와 외국인으로 살았습니다. 이 땅에는 자기 고향이 없고 하늘에 있다는 것을 안 것입니다. 그래서 본향이라고 합니다. 아브라함이 보았던 하늘에 있는 그 성이 바로 우리가 가야 하는 천년 왕국인 것입니다. 사도 바울이 다녀온 삼층천입니다. 사도 요한이 보았던 바로 그 요한계시록의 천국입니다. 우리가 돌아갈 집이 바로 아브라함이 보았던 하늘에 있는 그 성입니다. 하늘 예루살렘 성입니다. 우리 신랑이 처소를 예비한다고 한 바로 그 집인 것입니다.

본향이란 우리가 나왔던 그곳입니다.

나로 존재케 한 곳입니다. 우리의 육적 생명의 고향은 어머니이듯이, 우리의 영적 생명의 고향은 예수 그리스도 안입니다. 그래서 예수 그리스도가 계신 그 천년 왕국을 본향이라고 하는 것입니다.

사람이 고향을 그리워하는 것은 그곳이 나의 근본이기 때문입니다. 집 떠난 사람이 가장 그리워하는 것이 어머니 아닙니까? 왜냐하면 어머니가 우리의 고향이기 때문입니다. 그래서 객지에서 살면 어머니가 그리운 것입니다.

슬플 때도 그립고, 기쁠 때도 그립고, 아플 때도 그립고, 힘들 때도 그립습니다. 나를 낳아준 고향이기 때문입니다. 그래서 우리는 어머니라는 말만 들어도 가슴이 먹먹하고 눈물이 나는 것입니다. 어머니 품이 그리운 것입니다. 이것은 우리의 본성이 늘 우리를 낳아주신 분을 그리워하게 되어 있기 때문입니다. 그래서 사람들은 늘 고향을 그리워하게 되는 것입니다.

예수님이 그러합니다. 예수님이 우리를 낳아주셨기 때문에 예수님이 우리의 어머니인 것입니다. 그래서 성도는 아프면 예수님을 찾게 되어 있습니다. 힘들고 아프면 예수님을 찾는 사람이 성도입니다.

출근하면 빨리 퇴근하여 집에 돌아가고 싶듯이, 우리에게 천국이 그러한 곳이어야 합니다. 천국은 우리가 돌아갈 집입니다.

성도는 이 땅에서 객으로 살아가는 자들입니다.

나그네로 살면서 많은 아픔을 당합니다. 그럴 때마다 우리를 위로하는 것은 예수님이 다시 오신다는 말씀입니다. '아~ 이 육신의 장막을 벗으면 주님 품에 가겠지!' 하고 위로가 되는 것입니다.

이것을 4000년 전에 살았던 아브라함이 보았습니다. 그래서 그는 나그네로 살았던 것입니다. 아브라함은 하늘에 있는 본향을 보았기 때문에 이 땅에 소망을 두지 않고 하늘에 소망을 두고 살았던 것입니다.

자식들과 움막에 기거하면서도 소망으로 살았던 것입니다. 아브라함은 가나안에서 거부로 살았지만 자기 소유의 땅때기 하나 없었습니다. 무덤 하나 자기 소유로 삼고 나그네로 살았습니다.

이것이 믿음을 가진 성도들의 삶의 모습입니다. 그래서 아브라함을 믿음의 조상이라고 하는 것입니다. 아브라함처럼 하늘에 내 본향이 있다는 것을 아는 성도는 아브라함의 길을 가게 되어 있습니다. 하나님은 이러한 자들을 위하여 천년 왕국을 준비해 놓으신 것입니다.

성도의 신앙생활은 법궤를 싣고 벧세메스로 올라가는 두 마리 암소와 같습니다. 두 마리 암소는 울면서 올라갔습니다. 좌로나 우로나 치우치지 아니하고서 말입니다. 벧세메스는 '태양의 집'이라는 뜻입니다. 그곳은 제사장들이 사는 동네입니다. 두 마리 암소는 법궤를 태양의 집에 무사히 옮겨 놓고 제물로 바쳐집니다. 이것이 천년 왕국에 들어가서 살아가게 될 어린양의 신부들의 이 세상에서의 모습입니다.

예수 믿는 것을 왜 신앙생활이라고 합니까? 신앙이란 믿고 바라보는 것입니다. 믿고 바라는 것이 실제 삶으로 나타나는 것이기 때문에 신앙생활이라고 하는 것입니다. 신앙은 있고 생활이 없는 자들을 일컬어 영지주의라고 합니다.

이를 행함이 없는 믿음이라고 합니다. 이러한 믿음은 귀신의 믿음이고 죽은 믿음입니다. 믿음이 죽은 것이기 때문에 입술로는 천국을 말하지만 몸은 앉은뱅이처럼 이 세상에 착 달라붙어서 땅강아지처럼 땅의 기운으로 살아가게 되는 것입니다.

이러한 것을 예수님은 "이 백성이 입술로는 나를 시인하나 마음은 내게서 멀도다"라고 하였습니다. 예수님의 초림 때 구약 교회의 모습이 이러했습니다. 예수님의 재림 때도 동일하다고 합니다. 교회가 귀신의 처소가 되었다고 합니다. 그러니 행함이 없는 귀신의 믿음이 난무하는 것입니다. 귀신의 믿음은 이원론적인 삶을 살아가게 하는 것으로 나타나는 것입니다.

신앙의 행위는 성령의 은사적인 것입니다.

성도는 성령으로 거듭난 자들입니다. 하나님은 성령으로 거듭난 모든 성도에게 성령의 은사를 주셨습니다. 그러므로 성령으로 거듭난 성도는 반드시 성령의 은사적인 행위들이 나타나게 되어 있습니다. 이를 성령의 열매라고 합니다. 우리가 맺은 것이 아니고 성령께서 맺게 하셨기 때문입니다.

신앙의 행위는 강요나 억지로 나타나는 것이 아닙니다. 살아 있는 나무가 열매를 자연히 맺듯이 살아 있는 성도에게도 자연히 성령이 행하게 하는 행함들이 나타나게 되어 있는 것입니다.

이것을 예수님은 포도나무와 가지로 비유하셨습니다. 가지가 열매를 맺는 것은 뿌리가 공급해 주는 진액을 받아서 맺는 것입니다. 그러므로 가지는 열매를 맺었다고 해서 그것을 자기가 맺은 것이라 하지 않고 뿌리가 맺게 해 주었다고 고백하게 되는 것입니다.

사람은 믿는 것만큼 움직이게 되어 있습니다. 삶의 모습은 그 사람의 신앙을 보여주는 것입니다. 마음이 있는 곳에 몸도 있게 마련입니다. 세상에 속한 사람은 세상 가치로 살아갑니다. 그러나 하늘에 속한 성도는 하늘의 가치로 살아가게 되어 있습니다.

이는 본질의 문제이고 본성의 문제입니다. 양과 염소는 본질이 다르고 본성도 다릅니다. 본질과 본성은 바뀌지 않습니다. 양은 양 노릇 하고, 염소는 염소 짓을 합니다. 양은 어떤 환경에서도 양으로 살고, 염소는 어떤 상황에서도 염소의 기질을 드러냅니다.

이것은 법에 속한 사람과 은혜에 속한 사람의 차이와도 같습니다. 므나 비유에서 보듯이, 게으른 종은 항상 게으르고 부지런한 종은 주인이 있으나 없으나 항상 부지런히 일합니다. 성경은 이를 악한 자와 충성된 자로 비교하고 있습니다.

우리의 신앙도 마찬가지입니다. 법에 속한 사람은 무엇을 해도 법으로 판단합니다. 그러나 은혜에 속한 사람은 무엇이든지 은혜를 토해 냅니다. 법에 속한 사람은 복음조차도 법으로 사용하고, 은혜에 속한 사람은 율법조차도 은혜로 사용합니다.

육에 속한 사람은 교회에 와서도 육적 신앙생활을 하고, 영에 속한 사람은 세상에 있어도 영적 신앙생활을 합니다. 섬기는 사람은 항상 섬기고, 빼질거리는 사람은 항상 빼질거립니다.

구원이란 염소 속에서 양을 찾아내는 것입니다.

예수님은 잃어버린 양을 찾으러 오셨지 염소를 양으로 만들려고 오지 않으셨습니다. 목자는 자기 양을 찾습니다. 잃어버려도 자기 양인 것입니다. 양이 염소들 틈에 있는 것을 보고 목자가 와서 '너는 이 아이들과 다른 종자야' 하면서 끄집어내어 다른 우리에 넣어두는 것입니다.

이것을 창세기 1장에서 흑암 속에 있는 빛을 불러내는 것으로 보여주신 겁니다. 빛을 불러내고는 너희는 낮에 속한 자라고 하지 않습니까? 빛에 속한 자는 빛의 삶을 살고, 어둠에 속한 자는 어둠의 삶을 삽니다.

천국이 좋은 사람은 천국을 지향하고 살고, 세상이 좋은 사람은 세상과 가까이하고 살아갑니다. 결국 자기 행위가 자기의 신앙을 드러내주고 있는 것입니다. 콩 심은 데 콩 나고, 팥 심은 데 팥이 나는 겁니다. 그래서 예수님은 열매로 나무를 안다고 하신 것입니다.

내 마음은 지금 어디에 있습니까? 마음이 있는 곳에 몸이 있고, 몸이 가 있는 곳에 마음이 있는 것입니다. 사람은 마음에 품고 있는 것을 얻고자 몸이 찾아가게 되어 있습니다.

나는 무엇을 품고 있습니까?
나는 무엇을 보고 있습니까?
내 눈에 무엇이 보입니까?
천년 왕국이 보입니까?
아니면 이 세상이 보입니까?

어디를 소망하고 사십니까?
하늘입니까? 세상입니까?

우리 몸은 소망하는 것을 좇아가게 되어 있습니다. 천년 왕국이 보이면, 그 사람은 좋은 진주를 구하러 다니는 진주 장사처럼 좋은 진주를 만나면 모든 것을 팔아서 그 진주를 사게 될 것입니다. 세상이 보이면 팥죽 한 그릇에 장자권을 판 에서처럼 교회에 와서 세상 것을 구하고 찾고 두드리는 망령된 짓을 할 것입니다. 그래서 바울은 너희 안에 그리스도가 계신가 스스로 확증해 보라고 하였던 것입니다. 그리스도가 너희 안에 계시지 않으면 너희는 버린 자라고 말합니다. 이 말씀 앞에서 스스로를 확증해 보시기 바랍니다.

천년 왕국에는 아무나 들어갈 수가 없습니다.
그곳은 어린양의 신부들만 들어갑니다.
어린양의 신부들은 어떤 모습일까요?
이 땅에서 어린양 때문에 자기 목숨을 버린 자들입니다.

요한계시록 14장 1-5절을 봅시다.

"1또 내가 보니 어린양이 시온 산에 섰고 그와 함께 십사만사천이 섰는데 그 이마에 어린양의 이름과 그 아버지의 이름을 쓴 것이 있도다 2내가 하늘에서 나는 소리를 들으니 많은 물소리도 같고 큰 뇌성

도 같은데 내게 들리는 소리는 거문고 타는 자들의 그 거문고 타는
것 같더라 [3]저희가 보좌와 네 생물과 장로들 앞에서 새 노래를 부르
니 땅에서 구속함을 얻은 십사만사천 인밖에는 능히 이 노래를 배울
자가 없더라 [4]이 사람들은 여자로 더불어 더럽히지 아니하고 정절이
있는 자라 어린양이 어디로 인도하든지 따라가는 자며 사람 가운데
서 구속을 받아 처음 익은 열매로 하나님과 어린양에게 속한 자들이
니 [5]그 입에 거짓말이 없고 흠이 없는 자들이더라"

하늘의 시온 산에 십사만사천이 서 있습니다. 이들의 이마에는 하나님의 이름과 어린양의 이름이 있습니다. 이 사람들은 여자로 더불어 더럽히지 아니하고 정절이 있는 자입니다. 여자는 음녀를 말합니다. 그런데 이 사람들은 종말의 타락한 교회의 가르침을 따르지 아니하는 자들입니다. 이들은 어린양이 어디로 인도하든지 따라가는 자들입니다. 이 말은 그 어떤 상황에서도 요동하지 않고 믿음을 지킨 자들이라는 뜻입니다. 예수 때문에 고난을 받은 자들입니다.

어린양의 신부들은 어린양이 걸어갔던 길을 가게 되어 있습니다. 어린양이 걸어간 길은 십자가의 길입니다. 그러므로 어린양의 생명책에 녹명된 자들은 예수님처럼 버림당하는 삶을 살아가게 되는 것입니다.

어린양의 신부들은 어린양이 어디로 인도하든지 따라다녔습니다. 푸른 초장이든 사망의 음침한 골짜기이든지 말입니다. 이런 사람들을 하나님의 말씀과 예수의 증거를 가진 자들이라고 말합니다. 또한

짐승과 그 우상에게 절하지 않고 짐승의 표를 받지 아니한 자들을 말합니다. 이들을 일컬어 흠이 없는 자라고 합니다.

예수는 대충대충 믿는 것이 아닙니다. 예수는 생명 바쳐서 믿는 것입니다. 예수 그리스도는 몸을 바치고, 마음을 바치고, 뜻을 바치고, 목숨을 바쳐서 따르는 것입니다. 천년 왕국은 적당히 믿는 자들은 갈 수가 없습니다. 목숨 바쳐서 예수를 따른 자들에게 주어지는 유업의 나라인 것입니다.

신앙이란 생명을 맞바꾸는 것입니다.

이 땅의 생명을 버리고 하늘의 생명을 얻는 것입니다. 예수님께서 선한 목자는 양을 위하여 목숨을 버리는데, 이는 목숨을 얻기 위하여 목숨을 버린다고 하셨습니다. 버리는 목숨은 세상에 속한 목숨이고, 얻고자 하는 목숨은 하늘의 목숨인 것입니다. 그래서 하나님은 천년 왕국에 들어갈 자들은 목 베임 당하도록 하시는 것입니다.

바울은 하나님 나라에 들어가려면 많은 환난을 겪어야 된다고 하였습니다. 하지만 현재의 고난은 장차 올 영광과 족히 비교할 수가 없다고 하였습니다.

십자가 너머에 우리의 본향이 있습니다.

십자가는 이쪽에서 볼 때는 저주이고 죽음이지만 넘어가면 거기가 천국입니다. 그래서 십자가의 도는 멸망을 받을 자들에게는 미련하게 보이지만 구원을 얻은 우리에게는 하나님의 능력이라고 하는 것입니다.

히브리서 11장의 믿음의 선진들은 모두가 십자가 너머의 길을 걸었던 사람들입니다. 그래서 이들을 일컬어 "하늘에 구름같이 둘러싼 허다한 증인들"이라고 하는 것입니다. 천년 왕국은 이 땅에서 예수 그리스도로 인하여 고난당한 자들을 위한 안식의 세계입니다. 믿음으로 인하여 나그네로 눈물 흘리면서 살았던 성도들에게 주어지는 유업입니다.

이 세상에는 영원한 것이 없습니다. 다 지나가는 것들입니다. 고난도 지나가는 것입니다. 머물러 있는 것은 없습니다. 물질도 머물러 있지 않고, 부귀영화도 머물러 있지 않고, 권세도 머물러 있지 않습니다.

화무십일홍(花無十日紅)이라고 하듯이 세상 영화도 금방 사라집니다. 이 세상 자체가 복사본이고 모든 것이 허상이기 때문입니다.

실상은 하늘에 있습니다. 그래서 바울은 너희가 그리스도와 함께 살리심을 받았으면 위엣것을 찾으라고 한 것입니다. 왜 위엣것을 찾으라고 합니까? 위에 실상이 있기 때문입니다. 진짜가 위에 있으므로 위를 바라보고 살라는 것입니다.

짐승과 사람의 차이가 무엇인 줄 아십니까? 짐승은 아래를 보고 살아가고, 사람은 위를 보고 살아가는 존재라는 것입니다. 그래서 짐승의 혼은 아래로 내려가고 사람의 혼은 위로 올라간다고 하는 것입니다.

음녀를 짐승이라고 하는 것은 뱀처럼 흙의 기운으로 살아가기 때문입니다. 그러나 성도는 하늘의 기운으로 사는 자들입니다. 그래서 예수님께서 종말의 징조들이 보이면 "너희는 일어나 머리를 들라 너희 구속이 가까이 왔다"라고 말씀하신 것입니다.

이제 그 구속이 가까이 왔습니다. 그러니 아내가 있는 자는 아내가 없는 자처럼 살고, 물질을 가진 자는 물질이 없는 자처럼 살아야 합니다. 이는 보이는 것에 매이지 말라는 뜻입니다. 이 세상 것에는 하나님의 사랑이 없습니다. 그래서 이 세상과 이 세상의 것들을 사랑하지 말라고 하신 것입니다.

이 세상에는 영원한 것이 없습니다. 이 땅 자체가 허상이므로 이 세상 것으로는 평안을 얻을 수가 없습니다. 마음의 쉼은 오직 하늘의 것으로만 얻을 수 있습니다. 평강은 위로부터 옵니다. 그러므로 믿음을 가진 성도들은 곧 오신다는 예수님의 재림의 약속을 부여잡고 살아가게 되는 것입니다.

30
예수님의 초림은 예수님의 재림의 그림자

예수님의 초림은 예수님의 재림의 그림자입니다. 예수님의 초림은 구약 교회의 종말이었지만, 예수님의 재림은 신약 교회의 종말입니다.

구약 교회의 종말 속에는 신약 교회의 종말의 모습이 담겨져 있습니다. 영적 상태가 동일하다는 뜻입니다. 어느 시대이고 종말의 영적 상태는 동일하였습니다. 왜냐하면 인간은 언제나 그 인간이고, 마귀도 그 마귀이고, 죄인 역시 어느 때나 동일하기 때문입니다. 그러므로 종말은 항상 극심한 타락을 보여왔습니다.

구약 교회의 종말이 외식으로 흘렀듯이, 이 시대 신약 교회의 종말도 외식으로 흐르고 있습니다. 예수님은 외식으로 가득한 성전을 척결하고 나오셨습니다. 예수님의 눈에 비친 구약 교회는 매매하는 시장터였고 강도의 굴혈이었습니다. 그래서 예수님은 구약 교회의 멸망을 선포하신 것입니다. 구약 교회의 멸망은 신약의 타락한 교회인 음녀의 멸망을 예표하고 있는 것입니다.

마태복음 24장 1-16절을 봅시다.

“1예수께서 성전에서 나와서 가실 때에 제자들이 성전 건물들을 가
리켜 보이려고 나아오니 2대답하여 가라사대 너희가 이 모든 것을 보
지 못하느냐 내가 진실로 너희에게 이르노니 돌 하나도 돌 위에 남지
않고 다 무너뜨리우리라 3예수께서 감람 산 위에 앉으셨을 때에 제자
들이 종용히 와서 가로되 우리에게 이르소서 어느 때에 이런 일이 있
겠사오며 또 주의 임하심과 세상 끝에는 무슨 징조가 있사오리이까
4예수께서 대답하여 가라사대 너희가 사람의 미혹을 받지 않도록 주
의하라 5많은 사람이 내 이름으로 와서 이르되 나는 그리스도라 하
여 많은 사람을 미혹케 하리라 6난리와 난리 소문을 듣겠으나 너희는
삼가 두려워 말라 이런 일이 있어야 하되 끝은 아직 아니니라 7민족
이 민족을, 나라가 나라를 대적하여 일어나겠고 처처에 기근과 지진
이 있으리니 8이 모든 것이 재난의 시작이니라 9그때에 사람들이 너
희를 환난에 넘겨주겠으며 너희를 죽이리니 너희가 내 이름을 위하
여 모든 민족에게 미움을 받으리라 10그때에 많은 사람이 시험에 빠
져 서로 잡아 주고 서로 미워하겠으며 11거짓 선지자가 많이 일어나
많은 사람을 미혹하게 하겠으며 12불법이 성하므로 많은 사람의 사랑
이 식어지리라 13그러나 끝까지 견디는 자는 구원을 얻으리라 14이 천
국 복음이 모든 민족에게 증거되기 위하여 온 세상에 전파되리니 그
제야 끝이 오리라 15그러므로 너희가 선지자 다니엘의 말한 바 멸망
의 가증한 것이 거룩한 곳에 선 것을 보거든 (읽는 자는 깨달을진저)
16그때에 유대에 있는 자들은 산으로 도망할지어다”

제자들이 성전의 화려함을 자랑합니다. 그러자 예수님이 찬물을 끼얹는 소리를 하십니다. 돌 하나도 돌 위에 남지 않고 다 무너지게 될 것이라고 합니다. 이는 구약 교회의 멸망을 상징하는 말씀입니다.

예수님의 말씀대로 주후 70년에 로마의 디도 장군에 의해 성전이 불타 버립니다. 이때 성전 창고에 쌓여 있던 금붙이가 녹아서 성전 돌들 틈에 끼입니다. 군사들이 이를 캐내려고 벽돌 하나하나를 다 파헤쳐서 완전히 해체시켰습니다. 돌 하나도 돌 위에 놓이지 않게 된다는 예수님의 말씀대로 예루살렘 성전은 폐허가 되고 완전히 멸망당하고 말았습니다.

역사는 늘 반복되어 왔습니다.

인간은 역사를 통해서 배우는 것이 아니라 반복하고 있습니다. 이는 인간의 죄성은 변하지 않기 때문입니다. 그러므로 과거 우리의 조상들이 하던 것을 지금 우리도 그대로 하고 있는 것입니다.

이 시대 교회들도 구약 교회를 그대로 닮아가고 있습니다. 평토장한 무덤처럼 겉만 번지르르하게 치장하고 있습니다. 거짓 목사들은 교회의 겉모습만 화려하게 치장하여 이것이 마치 하나님의 성전인 양 성도들을 미혹하고 있습니다.

요한계시록의 아시아의 일곱 교회는 연대기적으로 보면 예수님 초림부터 예수님 재림까지의 교회사를 말해 주고 있습니다. 맨 마지막 교회인 라오디게아 교회는 종말 교회로 말해 주고 있습니다. 예수님의 재림 직전의 성도들의 신앙 상태를 말해 주고 있습니다.

요한계시록 3장 15-22절을 보십시오.

"[15]내가 네 행위를 아노니 네가 차지도 아니하고 더웁지도 아니하도다 네가 차든지 더웁든지 하기를 원하노라 [16]네가 이같이 미지근하여 더웁지도 아니하고 차지도 아니하니 내 입에서 너를 토하여 내치리라 [17]네가 말하기를 나는 부자라 부요하여 부족한 것이 없다 하나 네 곤고한 것과 가련한 것과 가난한 것과 눈먼 것과 벌거벗은 것을 알지 못하도다"

하나님이 강력하게 경고하십니다. 차든지 덥든지 하라고 하십니다. 이것도 아니고 저것도 아니라서 토해 내고 싶다고 하십니다. 이는 마치 엘리야 시대 이스라엘 백성들이 바알과 하나님 사이에서 머뭇거리고 있는 모습입니다. 그런데도 그들은 엄청 자족하고 있습니다. "나는 부자라 부요하여 부족한 것이 없다"라고 합니다. 스스로 믿음이 있다고 자족하고 자긍하고 자고하고 자위하고 자만하고 자랑하고 있는 것입니다. 그러나 하나님의 눈에 비친 그들의 모습은 가련하기 이를 데가 없습니다. 곤고하고, 가련하고, 가난하,고 눈멀고, 벌거벗고 있습니다. 마치 예수님의 초림 때 구약 교회와 똑같습니다. 열매는 없고 잎만 무성한 무화과나무와 같이 외식으로 가득한 것입니다.

예수님이 외식으로 가득한 성전에서 나와서 감람 산으로 가십니다.

> "예수께서 감람 산 위에 앉으셨을 때에 제자들이 종용히 와서 가로되 우리에게 이르소서 어느 때에 이런 일이 있겠사오며 또 주의 임하심과 세상 끝에는 무슨 징조가 있사오리이까"(마 24:3).

제자들이 묻습니다.

"주여, 어느 때에 이러한 일들이 일어나겠습니까? 그리고 주님이 다시 오실 때와 세상 끝이 되면 어떤 징조가 있겠습니까?"

징조란 사인과 같은 말입니다.

이는 예수님이 재림하실 때가 되면 세상에 어떠한 일들이 일어나는지 세상의 모습들을 알려 달라고 하는 것입니다.

예수님께서 말씀하십니다. 사람의 미혹을 받지 말라고 하십니다. 많은 사람이 그리스도라는 이름으로 사람들을 미혹하게 될 것이라고 하십니다. 이는 거짓 목사들이 많이 일어나서 비진리로 성도들을 그릇된 길로 인도한다는 뜻입니다.

미혹이란 화려함으로 본질을 가린다는 뜻입니다. 그럴듯한 공교하게 지은 논리로 하나님의 말씀을 왜곡시킨다는 뜻입니다. 이것은 선악과처럼 먹음직도 하고 보암직도 하고 지혜롭게 할 만큼 탐스럽습니다. 그러면 그 속에 빛이 없는 사람들은 그 꾐에 다 속아 넘어가게 됩니다. 이를 일컬어 소경이 소경을 인도하여 둘 다 구덩이에 빠지게 된다고 하는 것입니다.

또 세상의 모습을 말씀해 주십니다. 사람들은 서로 미워하고 싸우고 죽인다고 하였습니다. 이것은 인간이 짐승처럼 변한다는 뜻입니다. 그래서 온 세상이 난리와 난리 소문으로 어지럽고, 나라와 나라가 민족이 민족끼리 죽고 죽이는 전쟁으로 온통 시끄럽게 된다고 하였습니다. 지구의 모습은 처처에 지진이 일어나고, 기근이 닥치고, 온역이 창궐하고, 말할 수 없는 재앙들이 닥치게 된다고 하였습니다.

또 멸망의 가증한 것이 거룩한 곳에 선다고 하였습니다. 이는 거짓 목사들이 강단에서 비진리를 전한다는 뜻입니다. 단수적인 의미에서는 적그리스도를 말하지만, 복수적인 의미에서는 거짓 목사들인 적그리스도의 세력들을 말합니다. 교회 안에 불법이 가득하고 교인들끼리 파당을 지어서 서로 미워하고 싸우고 죽인다고 하였습니다.

그런데도 성도들은 끝까지 믿음을 지키고 천국 복음은 땅 끝까지 전해진다고 하십니다. 천국 복음이 모든 민족에게 증거되고 온 세상에 전파된다는 말은, 복음이 널리 퍼진다는 의미이기도 하지만 하나님의 말씀이 다 드러나게 된다는 의미도 있습니다. 그럴 때 유대에 있는 사람은 산으로 도망하라고 합니다.

유대란 타락한 성전이 있는 곳을 말합니다. 요한계시록에서는 음녀로 나타납니다.

'내 백성아 거기서 나오라'고 합니다.

'그들이 받을 재앙을 받지 말라'고 합니다.

'종말에 일어날 심판을 받지 말라'고 합니다.

재앙을 피할 수 있는 산이 어디에 있을까요? 하늘에 있는 시온 산입니다. 예수님이 재림하실 때 몰고 오는 새 하늘과 새 땅을 말합니다. 그래서 새 하늘과 새 땅이 하늘로부터 내려온다고 하는 것입니다. 천년 왕국이 하늘로서 내려오는 것입니다. 우리가 살아가야 하는 그 땅입니다. 그래서 예수님이 재림하시면 우리를 공중으로 이끌어 올리신다고 하는 것입니다.

그날이 가까이 오고 있습니다. 지금은 모든 성경이 다 응하여 가는 때입니다. 이는 주님이 다시 오실 때가 가까이 왔다는 뜻입니다. 지금 우리는 파수꾼이 되어서 이 사실을 외쳐야 합니다. 신랑이 온다고 소리쳐야 합니다.

예수님의 초림 때 광야에 외치는 자의 소리가 있었습니다. 세례 요한입니다. 세례 요한은 천국이 가까이 왔으니 회개하라고 외쳤습니다. 세례 요한의 외침대로 천국의 주인이신 예수님이 오셨습니다. 예수님의 초림은 영적 천국을 몰고 오셨습니다. 우리 안에 천국을 주셨습니다.

예수님의 재림 때에도 광야에 외치는 자의 소리가 있습니다. 세례 요한과 같은 종들입니다. 이들을 두 증인이라고 합니다. 두 증인이 세례 요한과 엘리야의 심정으로 외칠 것입니다. 예수님의 재림이 가까이 왔으니 회개하라고 외치게 됩니다. 이때 예수님은 실제 천국을 몰고 오십니다.

만물도 소리치고 있습니다. 각종 천재지변으로 지구의 수명이 다 되었다고 외치고 있는 것입니다. 과학자들도 동일하게 외칩니다. 이 땅은 희망이 없고 오직 하늘에만 살 길이 있다고 합니다.

인간들이 과학으로 하늘에 살길을 찾아 나서고 있는 이때입니다.

그래서 인간들이 지구는 희망이 없으니 새로운 살 곳을 찾아서 우주로 나아가는 것입니다. 얼마 전 미국우주항공국인 나사(NASA)에서 생물이 살 수 있는 행성을 발견하였다고 흥분하면서 공개를 하였습니다. 땅의 기운으로 살아가는 뱀의 후손들도 살고자 하늘로 나아가는 때입니다. 이러한 때에 진짜 하늘의 백성인 성도들은 어떻게 살아야 합니까?

하늘을 바라보고 살아야 하지 않겠습니까?

바울은 외칩니다.

"너희가 그리스도와 함께 살리심을 받았으면 위엣것을 찾으라."

거기에 그리스도가 계신다고 말합니다.

예수님께서도 말씀하셨습니다.

"이러한 일이 일어나거든 너희 구속이 가까웠으니 머리를 들라."

머리를 들라는 것은 새 하늘과 새 땅을 바라보라는 말입니다.

주님의 약속을 믿고 살라는 것입니다.
하늘을 보면 하늘에 열린 문이 보일 것입니다.
우리 신랑이 오시는 것이 보일 것입니다.
만물이 우리의 신랑이 오신다고 기별을 보내고 있습니다.
잠에서 깨어나 신랑 맞이할 준비를 해야 하지 않겠습니까?

신앙의 잠에서 깨어나십시오.
언제까지 땅강아지마냥 흙만 파먹고 사실 것입니까?
뱀처럼 땅의 기운으로 사실 것입니까?
언제까지 성전 미문에 앉아서 돈 한 푼 달라고 구걸하는 앉은뱅이처럼 교회에 와서 땅의 복을 달라는 기복신앙에 머물러 있을 것입니까? 성전에 왔으면 성전 안으로 들어가셔서 하나님을 찬양하고 뛰어 노셔야 할 것이 아닙니까?

언제까지 구경만 하실 것입니까?
언제까지 무늬 교인으로 사실 것입니까?
언제까지 교회의 모임을 동호회 모임으로 여기실 것입니까?
교회의 모임은 시간이 나면 모이는 것이 아닙니다.
교회의 모임은 시간을 내서 모이는 것입니다.
성도는 하나님께 여러분의 자투리 시간을 드리는 것이 아니고,

하나님께 드려지고 난 여분의 시간으로 살아가는 자들입니다.

예수님이 승천하시기 전에 예루살렘을 떠나지 말고 아버지께서 약속하신 것을 기다리라고 하셨습니다. 예루살렘은 은혜의 자리입니다. 은혜의 자리를 떠나지 마시기 바랍니다. 지금은 은혜받아야 하는 때입니다. 모여서 기도하고, 서로 위로하고 섬기고 사랑하면서 주님의 약속을 믿고 살아가야 합니다.

잠에서 깨어나십시오.
나사렛 예수의 이름으로 일어나십시오.
그리하여 성전 안으로 들어가십시오.
마음껏 찬양하고 감사하십시오.
처음 사랑을 회복하십시오.
신랑이 신부를 데리러 오고 계십니다.
지금 오고 계십니다.
그러니 마음을 세상에 빼앗기지 말고 술람미 여인처럼
신랑의 약속 하나만 붙잡고 사시기 바랍니다.
곧 '신랑이로다'라는 소리가 울려 퍼질 것입니다.
그날이 곧 닥칩니다.

베드로가 만물의 마지막이 가까이 왔으니 너희가 어떤 사람이 되어야 마땅하느뇨? 라고 묻고 있습니다. 정신을 차리고 근신하고 그

날을 소망하면서 기도하라고 당부하고 있습니다. 이 소리를 외면하지 마세요. 농담으로 듣지 마시길 바랍니다. 그만큼 가까이 왔다는 뜻입니다. 베드로는 죽기 전에 성령의 지시로 예수 그리스도를 믿는 것 때문에 이 땅에서 흩어져서 나그네로 살아가는 성도들에게 위로의 편지를 써서 보낸 것입니다. 베드로가 이걸 농담으로 들을까봐서 내가 말하는 것은 지어낸 말이 아니고 변화 산에서 영광 중에 주님으로부터 직접 들은 말이라고 합니다.

베드로는 장차 일어날 예수님의 재림 모습을 영광 중에 실제로 보았다고 말해주고 있는 것입니다. 그래서 내가 하는 말은 모두가 팩트(fact)라고 합니다. 이건 공교하게 지어낸 말이 아니고 사실이라고 합니다.

31
역사의 시간과 하나님의 시간

베드로는 “주께는 하루가 천 년 같고 천 년이 하루 같다”라고 말합니다. 하루가 천 년과 같다는 베드로의 말을 빌리면 창조 7일은 7천 년과 같습니다. 엿새 동안 창조하신 것은 6천 년과 같고, 일곱째 날 안식하신 날도 천 년과 같습니다.

이제 마지막으로 이것 하나만 말씀드리고 마치겠습니다. 이것도 창세 전 언약의 역사를 읽어내는 데 도움이 될 것입니다.

성경 속에는 약 1000년 주기로 큰 전환점을 맞이하는 것을 볼 수 있습니다.

아담으로부터 시작해서 노아까지가 약 1000년입니다.
노아부터 아브라함까지가 약 1000년입니다.
아브라함부터 다윗까지가 약 1000년입니다.
다윗부터 예수님의 초림까지가 약 1000년입니다.

신약에서도 예수님의 초림에서 재림까지 딱 1000년은 아니지만 그 중간에 종교 개혁이라는 큰 변혁의 사건이 일어났습니다. 만약에 지금 이 시대에 예수님이 재림하신다고 한다면, 예수님의 초림부터 예수님의 재림까지가 약 2000년이 되는 것입니다.

인류 역사를 언약적인 관점에서 보면 2000년 주기로 이루어짐을 볼 수가 있습니다.

아담으로부터 아브라함까지가 2000년이고,
아브라함부터 예수님 초림까지가 2000년이고,
예수님 초림으로부터 재림까지가 2000년이 됩니다.
이러면 역사 6000년이 되는 것입니다.
창조 6일과 같습니다.

이제 창조 7일인 일곱째 날 안식일이 남았습니다. 이것은 예수님이 재림하시면 이루어지는 날입니다. 그래서 예수님이 재림하시면 창조 7일 중에서 남은 1일인 1000년이 천년 왕국으로 이루어지게 되는 것입니다.

구속사적으로 보면 아담부터 예수님 재림까지가 약 6000년이 되는 것입니다. 6일 창조 후에 7일 안식일이 있었듯이, 6000년 구속사 후 1000년 안식의 시대가 도래한다는 것으로 이해할 수 있는 것입니다.

창조 하루를 1000년으로 본다고 하면, 6일 창조는 6000년이고,

7일 안식일은 천년 왕국이 되는 것입니다. "주께는 하루가 천 년 같고 천 년이 하루 같다"라고 하는 베드로의 말을 빌리면 지금이 창조 6일이 끝나가는 시기인 것입니다. 우리는 지금 엿새 동안 모든 일을 마치고 쉬는 7일 안식일로 나아가는 끝에 서 있는 것입니다.

32
아멘 주 예수여 오시옵소서!

지금은 말세지말입니다.

말세 중에서도 끝입니다.

끝 중에서도 끝입니다.

"장차 될 일"이 끝에 다다랐습니다.

"속히 될 일"이 속히 이루어지기 직전입니다.

"반드시 될 일"이 반드시 이루어지기 직전입니다.

그래서 온 세상이 예수님이 다시 오신다고 할 때의 징조들을 막 쏟아내고 있는 것입니다. 인간들은 사회현상으로 인간이기를 포기하고 짐승이 되어가고 있음을 보여주고 있습니다. 이 시대 사람들은 인간이기를 포기하는 일들을 자행하고 있습니다. 서로 죽고 죽이는 인명을 경시하는 풍조가 만연합니다. 이는 스스로 짐승임을 드러내고 있는 것입니다.

창조 6일째 육축들을 만드신 후 하나님의 형상으로 지음 받은 인간들이 나타나듯이, 지금도 수많은 교인들이 짐승처럼 땅의 것을 쫓아가는 이때에, 엘리야 시대에 하나님의 은혜로 남겨진 7,000명이 있었듯이, 세속에 물들지 않고 믿음을 지켜가는 예수 그리스도로 낳은 참 하나님의 아들들이 나타나고 있는 것입니다.

이 시대 그동안 감추어졌던 천국의 비밀이 풀린다는 것은 하나님의 아들들이 나타나고 있다는 증거입니다. 예수님께서 천국의 비밀이 너희에게는 허락되었다고 하던 그 천년 왕국의 비밀이 벗겨지고 있는 것입니다. 저는 그렇게 보고 있습니다.

나가는 말

저는 이번에 천년 왕국을 통해서 한없는 위로를 받았습니다. 그동안 희미하던 것이 생생하게 다가오기 때문입니다. 상징과 상상 속에 있던 천국이 실상으로 확 다가오기 때문입니다.

'아~ 이것이구나!' 하고 손에 확 잡혀졌기 때문입니다.

성도에게 있어 힘들 때 위로는 오직 하나님 말씀밖에 없습니다. 주님이 다시 오신다고 하신 약속뿐입니다.

'아! 우리 신랑이 오신대,
그것도 곧 오신대……'

이것이 제가 깨달은 바입니다.

앞으로 성령께서 깨닫게 해 주시는 더 좋은 깨달음들이 쏟아져 나오기를 소망해 봅니다. 그리하여 감추어졌던 천국의 비밀들이 다 열려지기를 바랍니다. 혹시 제가 놓친 부분이 있을 수도 있기 때문입니다.

그러나 분명한 것은 예수님의 재림은 곧 일어난다는 것입니다. 그만큼 때가 가까웠다는 뜻입니다. 그래서 바울은 주의 재림을 소망하면서 날마다 모여 서로 위로하라고 하였던 것입니다.

바울의 권면으로 마감합시다.

데살로니가전서 4장 13-18절 말씀입니다.

> “13형제들아 자는 자들에 관하여는 너희가 알지 못함을 우리가 원치
> 아니하노니 이는 소망 없는 다른 이와 같이 슬퍼하지 않게 하려 함
> 이라 14우리가 예수의 죽었다가 다시 사심을 믿을진대 이와 같이 예
> 수 안에서 자는 자들도 하나님이 저와 함께 데리고 오시리라 15우리
> 가 주의 말씀으로 너희에게 이것을 말하노니 주 강림하실 때까지 우
> 리 살아남아 있는 자도 자는 자보다 결단코 앞서지 못하리라 16주께
> 서 호령과 천사장의 소리와 하나님의 나팔로 친히 하늘로 좇아 강림
> 하시리니 그리스도 안에서 죽은 자들이 먼저 일어나고 17그 후에 우
> 리 살아남은 자도 저희와 함께 구름 속으로 끌어올려 공중에서 주를
> 영접하게 하시리니 그리하여 우리가 항상 주와 함께 있으리라 18그러
> 므로 이 여러 말로 서로 위로하라”

부디 오늘 이 말씀이 우리 모두의 심장에 콱 박혀서 빠져나오지 않는 못이 되었으면 합니다. 머릿속에 담겨 있지 않고 가슴에 담겨지기를 소원해 봅니다. 그리하여 말씀이 달음질을 하여서 신랑이 온다는 소식이 설렘과 흥분을 일으켜서 이 세상을 살아가는 데 삶의

활력소가 되고, 기쁨이 되고, 소망이 되고, 감사가 되기를 축원드립니다.

"아멘 주 예수여 오시옵소서!"

기도합시다.

"하나님 아버지! 감사합니다. 신랑이 온다는 소식을 알려주셔서 감사합니다. 때를 아는 지혜를 주셔서 감사합니다. 역사의 종착역이 가까이 온다는 소식이 기쁨이 되게 하여 주심도 감사합니다. 또한 이 세상 밖에 있는 세상을 깨닫게 해 주셔서 감사합니다. 오늘 증거된 말씀들이 걸림이 되지 말고 잘 깨달아져서 아멘으로 화답이 되게 하여 주옵소서. 눈을 열고 귀를 열어서 만물이 주님이 오신다는 소식을 징조로 소리치고 있음이 들려지고 보이게 하여 주옵소서. 그리하여 주님의 오심을 설렘으로 기다리면서 이 세상을 이기게 하여 주옵소서. 예수님의 이름으로 기도합니다. 아멘."

창세 전 언약으로 본 천년 왕국

1판 1쇄 인쇄 _ 2017년 7월 7일
1판 1쇄 발행 _ 2017년 7월 15일

지은이 _ 정낙원
펴낸이 _ 이형규
펴낸곳 _ 쿰란출판사

주소 _ 서울특별시 종로구 이화장길 6
편집부 _ 745-1007, 745-1301~2, 747-1212, 743-1300
영업부 _ 747-1004, FAX 745-8490
본사평생전화번호 _ 0502-756-1004
홈페이지 _ http://www.qumran.co.kr
E-mail _ qrbooks@gmail.com / qrbooks@daum.net
한글인터넷주소 _ 쿰란, 쿰란출판사
등록 _ 제1-670호(1988.2.27)
책임교열 _ 신영미·박신영

 ISBN 979-11-6143-021-8 93230

책값은 뒤표지에 있습니다.

파본(破本)은 구입처에서 교환해 드립니다.